人にも時代にも
振りまわされない——

働く女《ひと》の
仕事のルール

貧困と孤独の不安が
消える働き方

有川真由美
Mayumi Arikawa

きずな出版

はじめに

働き方を変えたら、明日からの人生が変わる――
あなたは、このままの働き方をいつまで続けていくつもりですか？

「こんな働き方をいつまで続けていくんだろうか」

「いまはいいけど、将来、仕事がなくなったらどうしよう」

「貯金もあまりできないのに、生き抜けるんだろうか」

「公的年金だけで、老後は生活できるんだろうか」

……そんな不安を抱える人は、少なくありません。

いえ、「少なくない」どころじゃありません。さまざまなアンケートによると、お金の不安がある人は、「非常に不安」だけでなく、「やや不安」という人も含めると、8割以上。

現在は切羽詰《せっぱつま》った状態でなくても、「10年後、20年後、老後は、大丈夫なんだろうか？」

「なんらかの拍子に貧困に陥《おちい》ってしまうのでは？」と、大部分が不安を抱えているのです。

「このまま生き抜けるのか？」という貧困の不安は、男性よりも女性に多いようです。

結婚や出産、夫の転勤、親の介護などで仕事を辞めたり、仕事を変えることになったり……と、働き方に変化が起きやすい女性にとって、「私は一生、大丈夫ですから！」「お金の心配はありませんから！」と言い切れる人は、どれほどいるでしょうか。

女性のお金の問題は、「正社員だから大丈夫」「結婚しているから大丈夫」というのではなく、すべての立場の人にあることです。

女性のなかで、もっとも貧困に直面しているとクローズアップされるのは、シングルマザーでしょう。十分な養育費、生活費が元夫から支払われるのは、ほんの一握《にぎ》りで、子どもを抱えて、なかなか職に就《つ》けないことも少なくありません。

非正規雇用の人も、何年働いても収入が上がらず、「いつ切られるかわからない」といった働き続けられない不安があったり、「家から独立できない」「結婚できればいいけど、できなかったら……」といった、人とのつながりに関わる不安にもなってきたりします。

公務員や大企業で働いていても、人間関係や仕事のことで悩みを抱え、「できることなら辞めたい」「でも、この仕事を手放したら他にできることがない」と言う人もいます。結婚しても安泰《あんたい》というわけではありません。最近は、結婚、出産のために仕事を辞めたものの、経済的な理由から、職を求めている人は多く、さらに「離婚したくても、経済的に自立ができないから離婚できない」「夫が病気で働けなくなったら、どうしよう」と、その立場を嘆《なげ》くこともあるのです。

お金と仕事のことを考えると、「お先真っ暗……」とネガティブなことばかりが出てきます。

でも、私は、いくらかのネガティブな〝危機感〟というのは、生きていくうえで必要だと思っているのです。

この世に〝完全な安心〟なんてない。いくらかの危機感があるからこそ、ダイナミックに変わっていけるし、自分の人生のドラマをすばらしいものにしていくチャンスも訪れるようになります。

〝危機感〟は、とてつもないエネルギーのみなもとなのです。

大切なのは、ネガティブな不安にとりこまれず、そのエネルギーを有効に活用して、ポジティブな行動として解決していこうとすること。

いまの場所に留《とど》まっていたり、自分の立場を守ったりするだけでは不安は募《つの》るばかり。

「そりゃあ、不安がないわけじゃないわよ。だからこそ、なんとかするしかないでしょう？」

そんなふうに、つぎの10年、20年を見据《す》えて、〝準備〟さえしておけば、この問題は案外、シンプルに解決していけます。

ただし、エネルギーをかけるポイントを間違わないこと。

むやみに動いてもうまくいきません。

「一生懸命、働いても貧困」「年をとるほど仕事がなくなっていく」という状態に陥らないためには、〝量〟の仕事から、あなただからできる〝質〟の高い仕事にシフトしていくことです。

この本には、あなたがその戦略を立てるために、押さえておくべきことを書いています。

そして、最後にもうひとつ、あなたに覚えておいてほしい大切なこと。
〝量〟から〝質〟への働き方のシフトは、どんな人であっても可能ということです。

どうしてこんなに不安なの？

私たちの将来への不安を大きくまとめると、いちばんは「貧困」と「孤独」でしょう。「健康」への不安がある人もいるかもしれませんが、それは各々《おのおの》対処していただくとして、この本では、あなたが「貧困」と「孤独」の不安を解決していくお手伝いをしたいと思います。

そもそも、私たちは、どうしてこんなに不安になってしまったのでしょう？

経済的発展を遂《と》げ、便利な機能が整ったニッポン。社会保障もあるし、医療も発達している。安全安心な国として世界でも有名……。というのに、国民の多くが貧困や孤独の不安を抱えているという現実があります。

ある程度のお金を稼いでいても、未来のことが不安で「お金が使えない」「結婚ができない」「子どもがもてない」という人も……。これには、社会の仕組みと、個人の生き方、働き方が変わってきたことが大きく影響しています。

日本だけでなく、世界の社会学者の間では、20世紀末から「リスクの個人化」が、ひとつの大きなテーマになってきました。

「リスクの個人化」とは、かつて強固な基盤を築いてきた「家族」「地域」「会社」といった集団のつながりが弱くなり、個人が自由に生き方を選べるようになったのと引き換えに、貧困や病気、離婚など、人生におけるリスクも、個人で引き受けるようになった……という現象です。

かつて、つながることは、「生きていくこと」でもありました。家族や地域や会社から「面倒は見てあげるけど、集団の一員として従ってくださいね」という暗黙のプレッシャーがありました（いまも、そんな習慣が残っている場所もあるでしょう）。女性は、結婚して家に従い、男性は、会社に忠誠を尽くし、そして、祖先から長年、生活してきた地域は、お互いに支え合ったり、人生に必要なことを教えたり、悪いことから守ったりするための〝リスクヘッジ（リスク回避《かいひ》）〟にもなっていました。

それが、つぎのような時代になってきたのです。

「自由に生きていいけど、面倒は見きれません。すべて自己責任でお願いしますね」と。

「昔はよかったのね」なんて思わないでください。これは世の中の潮流《ちょうりゅう》であり、自由に生きられないかつての社会にも、それはそれで窮屈《きゅうくつ》な問題はあったのですから。

ともかく、社会が個人化することで、私たちは貧困のリスクにも、個人で対処していく必要が出てきたわけです。

「貧困」の問題は、「孤独」の問題と絡《から》み合っています。

家族や会社とのつながりが希薄《きはく》になった分、貧困への不安も大きくなり、また、貧困の不安が募ると、結婚や家族などのつながりに活路《かつろ》を見出そうとすることもあるでしょう。

しかし、仕事の希望がもてないからと、なにかに依存しようとしても、あまりうまくはいきません。

しがみついていい関係性が保てなくなったり、依存するものがなくなるたびに、絶望に直面したりすることになります。

私たちは生きていくために、かつての「働き方」「つながり方」から、時代や個人の生き方に合った新しい「働き方」「つながり方」にシフトしていく必要があるのです。

さて、「個人の時代」になったことのほかにも、お金における不安材料はあります。

- □平均寿命が延びて、老後のお金の見通しが立たないこと
- □再就職をしようと思っても、セカンドチャンスが少ないこと
- □年をとればとるほど、雇ってくれる場所がなくなってくること
- □離婚、病気、介護など、突然のリスクに備えていないこと
- □「家のローン」「子どもをもつ」など長期的な経済負担を抱えにくいこと、など

私たちが「貧困」と「孤独」の不安をぶっちぎるためには、自分の足で歩いていける〝仕事〟をもつこと。そして、お互いに信頼し、協力し合える〝つながり〟をもつこと。

これからの時代は、仕事においても家族においても、「なにもできないけど、助けてね」ではなく、「私はこれをするから、一緒に協力していこう！」という自立した関係性が必要になってきます。

だれにでも、やれることがあります。

そんな能力を活用して生きていくためには、あなたがだれよりも自分自身を信頼し、プロデュースしていくことが大切なのです。

不安を解決する道は、自分の足で歩けるようにすること

私の仕事の前半は、自ら不安のなかに飛び込んでいって、〝自由〟と〝自立〟を獲得《かくとく》していく道のりでした。

20代のころは、「とにかく自分の好きなものを買えるようになりたい！」と浅はかに考え、施設コンパニオンや衣料品チェーン店店長として働いていました。

「経済の自由」は手に入れたものの、ハードな仕事で体も心もボロボロになり失業。当時

は30代になったばかり。仕事のスキルをもっていなければ、どこも雇ってくれないことに愕然《がくぜん》としました。

そこで、「どんな場所でも通用するスキルを身につけよう」と、着物の着付け、写真などを学びながら、条件のいい職場に転職していきました。

「場所の自由」は手に入れたものの、写真撮影のスキルをもっていることから入社できた新聞社の雇用が打ち切られることになり、フリーライターに転向。上京して雑誌記事を書くようになりましたが、〝その他大勢〟のライターとして時間を切り売りするだけでは、収入も上がらず、立場も危《あや》ういことを痛感しました。

そこで、「自分にしか書けないものにフォーカスしよう」と、働く女性に向けた本を書くようになったことから、自分のペースで仕事ができるようになったのです。

「時間の自由」は手に入れたものの、不安はまだありました。

「本を書き続けられるのか？」という不安です。

でも、私はそんな〝不安〟が嫌いではないのです。

「だったら、どうする？」と考えて実行したことは、台湾の大学院に留学して、女性の生き方、働き方、とくに女性のリスク問題について研究すること。

そんなふうに動いているうちに、私は「人間関係の自由」を手に入れたことを実感したのでした。

いろいろな人や場所から、「あなたにお願いしたい」と言われるようになれば、ひとつの場所に依存しなくても、信頼できる人間関係を選んでいけるのです。

そして、信頼できる人たちとつながり、自分の求める仕事ができるようになってきます。

自立するということは、たったひとりで立つことではなく、頼れるものをたくさんもつことなのです。

もちろん、すべての不安が払《ふっ》しょくされたわけではありません。

「働き続けられるのか？」という不安は、いつも心の片隅にあります。

しかし、そんな不安は原動力になっていくもの。不安があるからこそ、ひとつひとつ、いい仕事をしていきたいと思うし、学び続けたいとも思うのです。

そうして働いていくことは、私の生き甲斐《がい》であり、生きる〝軸《じく》〟にもなっています。

私は、心から〝自由〟を愛する人間なので、「経済」「時間」「場所」「人間関係」の自由を手に入れるために、さまざまな手立てを打ってきました。

でも、自由の裁量《さいりょう》は人それぞれ。たとえば、「そんな自由なんてなくてもいい」「フリーランスになるなんて怖すぎる」という人もいます。時間的な自由があるよりも、毎月、決まった収入があったほうがいいという人は多いでしょう。

働く場所を選ぶよりも、地元で生きていきたい、同じ場所で人間関係を築いていきたい、という人もいることでしょう。

たしかに、自由があることは、反面、なんらかの〝リスク〟を伴《ともな》うことでもあります。いくらかは努力しなければいけないし、安定を捨てることもあります。

でも、考えてもみてください。

いずれほとんどの人は、会社に属さないフリーランスの働き方になります。

60歳まで生きた女性の半分近くは、90歳まで生きるのです。

会社に属していても、定年後、人生の3分の1の時間を、「なにもすることがない」というのは寂しすぎませんか？

そして、結婚していても最後は夫と死別し、「おひとりさま」になる確率は、女性のほうが圧倒的に高いものです。

そんなときに、「あなたにお願いしたい」と、人から必要にされるような仕事があれば、たとえお金がなくても、さほど不安はありません。

なにより社会や人とつながり、人生は彩《いろど》り豊かになっていくはずです。

人生において重要なのは、「お金」があることより、「仕事」があること。

自分にできること、つまり「仕事」をもっていることは、枯れることのない〝油田〟をもっているようなものです。しかも、使えば使うほど質の高い油が湧いてくる油田です。

お金は使えばなくなりますが、自分のなかに蓄えた仕事力はなくなりません。

こんなことを書くと、「あなただからできるんでしょう？」と言われそうですが、そんなことはありません。これまで書いたように、20代30代のころは、すべてが中途半端で、職を転々としながら生きてきました。とくに恵まれた才能があるわけではありません。

どんな人も、いつかは「人に必要とされる存在になりたい」「自分の力をなにかに役立てたい」と思って準備していけばできることです。

日本の女性たちは、ほとんどが、真面目で一生懸命。それぞれがすばらしい能力をもっていると感じます。

ただ、そんなやる気や能力が、自分や家族や世の中のために有効に生かさていないことは、たいへんもったいないことです。

「ここに力を入れよう」とベクトルを定め、〝稼《かせ》ぎ力〟を意識しながら積み重ねていけば、時間がかかっても、それは可能になります。

女性が生涯働き続ける時代になろうとしています。自分自身が満足感や幸福感を味わえる道でないと歩き続けられないでしょう？

大切なのは、自分の輝ける場所（＝人から必要とされる場所）を求めて、歩いていくこと。幸せな働き方へと柔軟にシフトしながら歩き続けること。

働き方を変えれば、明日からの人生の道のりは明るく、豊かで力強いものに変わっていくのです。

有川真由美

貧困と孤独の不安が消えるポイント36

01 □ 「幸せであること」を軸に働く

02 □ なんのために、なにを目指して、どんなふうに働くのか

03 □ 社会のため、家族のため、自分のために働くという目的意識をもつ

04 □ つぎの年代を意識して、準備していく

05 □ 道しるべは自分の心。人生に真剣に向き合い、でっかく挑《いど》んでいく

06 □ 5年先、10年先を見据えて、仕事力をつけていく

07 □ 逆転できる人は、行きたい方向に自ら動く

08 □ 戦いを始める前に、自分と社会の現実に目を向ける

09 □ 人生の大きなルートを考え、数年ごとにちいさな修正を加える

10 □ 10年後の働き方を具体的にシュミレーションしてみる

11 □ 報酬の高さは、お金よりも、自分に残る資源の多さで計る
12 □ 長期・中期・短期目標を立て、「楽勝でできること」を継続する
13 □ 「手と足を使っている仕事」を選ぶ
14 □ 専門分野の軸に肉付けしていき、仕事の柔軟性をもたせる
15 □ 「未来を見る視点」「反対方向を見る視点」をもつ
16 □ だれにも真似できない仕事に仕上げる
17 □ 自分の専門分野を極《きわ》めて、高い志をもったスペシャリストとつながる
18 □ まず、ちいさい実験から始めてみる
19 □ 働き方のシフトを成功させるには、戦略と準備が肝心《かんじん》
20 □ 「職人＋商売人」になっていく
21 □ 経済的な利益から、精神的な利益に価値を移していく
22 □ 相手が求めるもの、自分ができることを考え続ける
23 □ 「複数のシナリオ」「もうひとつの保険」「資産運用」を考えていく

24 □ 仕事と生活、遊びと学びを、別のものとして考えない

25 □ お金を管理する能力を高め、豊かに生きると決める

26 □ 生き方を軸に「必要なお金」を考える

27 □ 人生の夢や目標に投資していく

28 □ お金よりも、人との信頼関係に重きを置く

29 □ 危険の後処理ではなく、危険が起こらないためにお金をかける

30 □ 「豊かな暮らし」のセルフイメージを高めていく

31 □ ひとりの人間として、「なにができる?」と考え続ける

32 □ 「自分で積極的につながっていく」という主体的な姿勢をもつ

33 □ あちこちに恩を送り続けるのが、リスクヘッジ

34 □ 「養ってもらう」「家のことはしてもらう」という依存を改める

35 □ 人とつながるために、少しの勇気をもつ

36 □ この人生でなにができるのか?――それをどこまでも追いかけていく

人にも時代にも振りまわされない——働く女《ひと》の仕事のルール

〈目　次〉

はじめに

働き方を変えたら、明日からの人生が変わる——あなたは、このままの働き方をいつまで続けていくつもりですか？　1

——どうしてこんなに不安なの？——　5

——不安を解決する道は、自分の足で歩けるようにすること——　9

第1章

人生の目的

働く意味を考える　25

01 働けば働くほど、不幸になっていませんか？ 26
02 幸せな働き方の3つの法則 32
03 「なんのために働くのか？」、その目的をハッキリさせる 37
04 3つの目的は、一生をかけて叶えていく 43
05 手に入れたい人生をハッキリさせる 48
06 「もっと稼げる自分」を選択し、自己肯定感を高くもつ 54

第2章 働き方をシフトする

逆転するための戦略を立てる

59
07 アウトプットは後半。大器晩成型の人生を目指す 60
08 戦略を立てる前に現状把握 66
09 人生のルートは自分で決める 73
10 柔軟な働き方にシフトする 79

11 自分のなかに〝資産〟を蓄積できる仕事を選ぶ 85
12 10年でできることを大切にする 92

第3章 スペシャリストの道

自分軸をもつことが出発地点

99
13 心から好きな仕事を選ぶ 100
14 どうしてスペシャリストである必要があるのか? 106
15 その専門性は、10年後にも使えるか? 113
16 希少価値のある専門性を身につける 117
17 自分軸をもちながら、さまざまな専門分野の人とつながる 122
18 働き方をシフトできるかを見極めるには…… 126
19 自分軸を移しながら進化していく 131

第4章

貧困にならない生き方

もっと稼げる自分になるには

137
20 すべての人が商売人になる時代がやってきた 138
21 お金があることより、仕事があることが大事 145
22 「求める場所」より「求められる場所」へ 151
23 貧困の不安には、稼ぎ力の構築で立ち向かう 156
24 稼ぎ続けるために、10年後を目指して学び続ける 163

第5章

お金の使い方

女が豊かに暮らしていくということ

169
25 貧困なのは、なにかが間違っているから 170

26 毎月「必要なお金」と、生涯で「必要になるお金」を考える 175
27 自分にとって「大切なお金」を考える 182
28 人とのつながりのために、お金を使う 189
29 「いざというときのお金」を考える 194
30 豊かに生きるために、セルフイメージを上げていく 200

第6章 社会とつながる

ひとりぼっちの恐怖に負けるな 207

31 ひとりでも孤独、家族がいても孤独 208
32 つながることとは、「豊かさ＋リスクヘッジ」 213
33 〝安心〟よりも〝信頼〟でつながる 218
34 夫婦、家族は同じ目的をもったチーム 224
35 ちゃんと生活すること、ちゃんと働くことで、孤独にならない 229
36 すべては、どこかでつながっている 234

人にも時代にも振りまわされない——
働く女《ひと》の仕事のルール

貧困と孤独の不安が消える働き方

第1章

人生の目的

働く意味を考える

01

働けば働くほど、不幸になっていませんか？

働き方を変えていくためには、まず〝働くこと〟の目的をとらえ直すことが必要です。

「あなたは、なんのために働いていますか？」

そう聞かれて、「うーん。なんのためだろうね」と考えこんでしまったり、「よくわかんなくなってきた……」などと首を傾《かし》げたりする人は、若者だけでなく、30代40代にも多くいるようです。

「そりゃあ、生きていくためにはしょうがないから。お金があったら働かないでしょ」なんて人も多いかもしれません。

とくに結婚して子どもがいる人なら、「家族のために働かなきゃ」というはずです。

なかには、「社会に対して、使命感をもって働いています！」という人もいます。

また、「仕事を通して成長していきたい」「おもしろいことをやってみたい」という自己実現型の人もいるでしょう。


仕事における目的は、人によってさまざまです。


かつて私は、毎日、仕事に追われ、「なんのために働いているのか?」、その意味をよく考えることすらありませんでした。転職はしたものの、淡々と職場に通う日が続き、5年、10年……。

あるとき、ふと思ったのです。

「これじゃあ、生きるために働いているんじゃなくて、働くために生きているんじゃないの?」

そして、働けば働くほど、不幸せになっているのではないかと。

朝、「まだ寝ていたいのに」と思いつつ起きて出社。仕事に行くとバタバタしているうちに、あっという間に一日が終わる。たまには息抜きもするけれど、大抵は残業でぐったりして帰宅。鏡で自分の顔を見るのも怖いほど、げっそりとやつれ、休日はダラダラ寝ていて、体を休めるだけで終わってしまう……という生活。プライベートを充実させる余力もなく、まとまった休みもとれない……。

仕事がない人から見ると、「仕事があるだけでありがたいじゃないか！」と思われるかもしれません。がむしゃらに働いてきた人にとっては、「甘えるんじゃない！　仕事は、しんどくてあたりまえだ」と叱りたくもなるでしょう。

しかし、そう思ったんだからしょうがない。そして、そう思ったからこそ、**私は「自分を幸せにするために働こう」と、働き方をシフトしていくことができたのです。**

フリーライターになったばかりの十数年前、カンボジアと日本の小中学生に「あなたはいま、どれくらい幸せですか？」「なにをしているときがいちばん幸せ？」といったアンケートをとったことがあります。

おどろいたのは、カンボジアの子どもたちのほうが、圧倒的に幸福度が高かったこと。

貧しくて農作業や家事を手伝い、ノートさえも買えない子どもたちが、日本のじゅうぶんに満たされた環境にある子どもたちよりも、ずっと元気で、ニコニコして、「とっても幸せ！」と答えるのは衝撃でした。

また、「なにをしているときが幸せですか？」という問いに、カンボジアの子どもたちでもっとも多かった答えは、「家族団らんのとき」「勉強をしているとき」、日本の子どもたちは「友だちと一緒のとき」「寝るとき」でした。

これって、「子どもだけの問題じゃない！」と思ったのです。

そのころのカンボジアは、夕暮れどきになると、働いていた大人も、家族も、若い恋人たちも川岸に集まり、ゆったりとしたひとときを楽しんでいました。すさまじい内戦の傷跡がまだ残っていたこともあり、「生きることが幸せ」と、限りある命をじっくりと味わっているようにも見えました。

そんな風景は、かつて日本にもあったのかもしれません。

しかし、世の中が経済的な豊かさを優先してきた結果、人びとは流されるように働き、精神的な豊かさを、疎《おろそ》かにしてしまったようです。

経済的な豊かさと幸福感は、単純な比例関係にはありません。

もちろん、貧困が不幸せの原因になることもありますが、収入がある程度増えても、それ以上は幸福感が高まらないどころか、働くことで「時間がない」「健康でない」「会話がない」「(入用が増えて)お金が足りない」など「ないないづくし」の不満や不安が増えて、それを満たしたり、生活水準を維持したりするために、さらに仕事をしなきゃいけなくなる……とマイナスのスパイラルが起こりやすくなります。

つまり、かつての私のように、「働くほど不幸になる」という状態です。

エネルギーがなにかに偏《かたよ》ると、なにかが疎かになってしまう。そして心や体のバランスを崩《くず》すと、それを埋めるために、なにかとお金がかかってしまうのです。

私たちは、だれもが心の奥でいつも「幸せでありたい」と願っています。

だから、仕事も、幸せを追求するためのものでなければなりません。

「毎日をどんな気持ちで過ごすか」がなにより大事。幸福感や充実感を積み重ねる日々の時間は、なにごとにも替えがたいものがあります。

「なんとなく仕事をする」という状態では、まわりや時代に振りまわされ、搾取《さくしゅ》され、不幸せになっても当然。「働くほど幸せになる」という働き方をしなきゃ、せっかく働くのにもったいない！ 仕事と幸せは両立するものでなければならないのです。

まずは、「幸せであること」を軸に働くと決めてください。

働き方は、そこから導かれてくるはずですから。

貧困と孤独の不安が消えるポイント
01
「幸せであること」を軸に働く

02

幸せな働き方の３つの法則

世の中には、幸せな仕事人がいるものです。

仕事にやり甲斐を感じて、よろこびを感じたり、おもしろがったりしている人。

家族やまわりの人とがっちり協力し合って、大きな夢や目標を叶《かな》えていく人。

まわりに流されず、自分の仕事を愛し、誇りをもって、どこまでも邁進《まいしん》していく人。

先の不安やうまくいかないこともあるけれど、なんとか乗り越えていこうとする人……。

私はこれまで出逢った「幸せな仕事人」に共通する法則を見つけました。それがつぎの３つ。

【幸せな働き方の3つの法則】

（1）「みんな（社会）のため」「家族のため」「自分のため」に働いている（Why）

（2）「こんなふうに生きたい」という人生の〝ライフビジョン〟をもっている（What）

（3）「もっと稼げる自分」を選択し、自己肯定感《こうてい》を高くもっている（How to）

かつての私の失敗例を交《まじ》えつつ、簡単にひとつずつ説明します。

まず、（1）の「『みんな（社会）のため』『家族のため』『自分のため』に働いている」は、仕事の目的。英語でいうなら「Why（なんのために？）」です。

前項でも書いたように、仕事をするには、さまざまな目的があります。

「お金を得るため」「自分のやりたいことを叶えるため」、年をとってからは「健康のため」「社会貢献《こうけん》のため」に働いている、という人もいるかもしれません。いくつかの目的が重なっていることがほとんどです。

では、「なんのために」ではなく、「だれのために」働いているのか、考えてみましょう。

働くことは、「人のために動くこと」。すべては、〝だれか〟のために、働いているはずです。あなたはどうですか？「自分のため」という人もいるでしょうし、「家族のため」という人、「お客様のため」という人もいるでしょう。

これらの目的は、年代にもよりますが、すべて大切なこと。

幸せな仕事人は、この「みんな（社会）のため」「家族のため」「自分のため」という3つの目的を叶えている人なのです。

世の中は、〝人〟によって構成されています。そんな自分やまわりの人、見えない人など、だれかのために働いていると実感できる人は、幸福度が高いといえるでしょう。

20代のころの私は、まったく目的意識がなかったり、「会社のために働いているけれど、自分のためはなっていない」と思いこんだりしていて、人や自分をよろこばせている実感がありませんでした。

でも、本当は、「人のため」「自分のため」「家族のため」になっていることもあったのです。そこに意識を向けてみるだけでも、仕事への取り組み方は、まるで違ってくるはずです。

そして、（2）の「『こんなふうに生きたい』という人生の〝ライフビジョン〟をもっていること」。

幸せな仕事人は、「なに（What）を目指しているのか？」をちゃんとわかって、なんとなくでも人生の未来予想図、つまり〝ライフビジョン〟を描けているのです。

行き先がわかっているから、曲がり角でそれに合った選択ができるように、「理想の自分」を判断基準として選択をします。そして、いつか当然、そこにたどり着くと信じています。

かつての私は、「ラクな仕事がいいかな」「そのうち、結婚するかもしれないし」などと、流されるように仕事を選択していました。目指す場所が定まらなければ、迷走して当然。「こんなふうになりたい」「こんなふうに生きたい」というビジョンは、生き方だけでなく、仕事における軸になるのです。

（3）の「『もっと稼げる自分』を選択し、自己肯定感を高くもつ」とは、「どんなふうに（How to）働くか、稼ぐための方法を積極的に見つけていく」ということ。

幸せな仕事人は、「そこそこ稼げばいい」なんて思っていません。

いつも高いところを目指し、自分が成長し、人の役に立つことが報酬につながっていくと信じています。お金のことを軽視せず、とても重要なこととして、とらえています。

かつての私は、低収入でも「会社員だから仕方がない」「フリーランスはこんなものか」と、あきらめようとしたこともあります。

じっとしていれば、だんだん「自分はなにもできない」と思いこみ、自己肯定感は低くなってくるもの……。「私はもっとできる」と信じて動いていれば、自然に道は開かれ、方法は導き出されてきます。

「目的（why）」「ビジョン（What）」「方法（How to）」を考えることは、幸せな仕事人としての足場をつくることなのです。

貧困と孤独の不安が消えるポイント

02

なんのために、なにを目指して、どんなふうに働くのか

03 「なんのために働くのか？」、その目的をハッキリさせる

「幸せな働き方の3つの法則」について、もう少し詳《くわ》しく説明します。

幸せな働き方ができないのは、そもそも仕事と幸福を別々に考えているのかもしれません。

「サラリーマン」という和製英語は、「塩」を表すサラリウム（Salarium）が語源といわれています。古代ローマ時代の兵士が、貨幣《かへい》で生活に必需品だった塩を手に入れたことから、組織で働き、その対価として給与をもらう人のことを「サラリーマン」というようになったのは、大正時代のこと。

それまで、農業や商売で身を立てる人が多かったことから、仕事の成果にかかわらず、決まった時間働き、報酬を得るサラリーマンの働き方は、革命的なものだったはずです。

高度成長期も、おもな働く目的は、対価としてお金を受けとり、豊かに暮らすことだったでしょう。

しかし、個人がそれなりの教育を受け、自分の仕事を自由に選択できる時代。仕事の目的を「お金をもらうためだけのもの」と考えるのは、かなり無理がありませんか？

働く対価として、仕事そのものに〝幸福感〟を見出せなければ、仕事に対して満足感を得られず、人生はたいへんつまらなくなってしまうはずです。

仕事のなかに夢中になれる目的があるのとないのでは、仕事に対する向き合い方もまったく違ってきます。

私たちは、働く対価として、お金でない〝よろこび〟が必要なのです。

働く時間こそ、人生を豊かにしてくれる重要な時間。「なにをしてきたのか？」という仕事の選択は、その人の人生そのもの、といっても過言ではありません。

幸せな仕事人であるためには、つぎの3つの目的を意識する必要があります。

【幸せな仕事人の3つの目的】

(1)「みんな(社会)のため」に働く

働いているということは、世の中のだれかをよろこばせているということ。そんな実感があるから、やり甲斐や使命感をもって、「またがんばろう」と思えます。会社のために働くことも、会社を通して社会貢献しているということ。自然や宇宙に貢献することも、まわりまわって人に貢献しているといえるでしょう。

(2)「家族のため」に働く

働くことで、家族や自分の生活を支えたり、危機から守ったり、幸せにしたりすることができます。経済的な自立ができれば、自分の人生を自分で決め、家族やまわりの人と対等につながっていけます。家族に働く姿を見せることで、子どもの成長や親子関係に、いい影響を与えることもできるでしょう。

(3)「自分のため」に働く

働くことで自分の目標を叶えたり、欲しいものを手に入れたりできます。仕事を通して学び、仕事力を高めていくだけでなく、人として成長して、自分に誇りをもてるようになるでしょう。働いて人をよろこばせることは、〝自己肯定感〟を高めて、自分自身をよろこばせることでもあります。

3つの目的は絡み合っていて、「人によろこんでもらうこと」が、自分や家族の誇りにつながったり、「自分の夢を叶えること」が、社会の人によろこびを与えたり、家族共通の幸せになったりすることもあります。どれを優先しなければいけない、ということではありません。

大切なのは、この3つの目的意識をハッキリともつこと。

どんな仕事でも、どこかで「社会のため」「家族のため」「自分のため」になっているもの。それが見えやすいか、見えにくいかの差なのかもしれません。

だからこそ、「なんのために働くのか」という目的に、しっかりと向き合うことが重要なのです。

20代30代だけでなく、40代50代のベテランであっても、一度、立ち止まって、働くことの目的を考えてほしい。「～のためになっている」と実感できれば、仕事のよろこびに気づいたり、幸せをさらに追求するために新たな方向性も見えてきたりするものです。

「なにかのために、なにかを犠牲にしている」と思う働き方では、幸せにはなれません。

たとえば、シングルマザーの女性は、経済的に厳しいことが多く、まずは「子どもを育て上げること」を目的に働くものです。仕事を選んでいる余裕もないでしょう。

でも、最近、子どもを育て上げてホッとしつつ、気が抜けてしまったシングルマザーがこんなことを言っていました。

「がむしゃらにがんばっているときは、私が子どもの犠牲になっていると思っていたけど、本当は自分が子どもに支えられていたんだって、よくわかった」

専業主婦も、夫の仕事を支え、家事労働や育児などの役割を請《う》け負っている意味では、〝仕事人〟。でも、子どもの手が離れたとき、よく言うのは、「私ってなんだろう？」という虚《むな》しさや不安。

やはり、だれだって「だれかのためになりたい」「自分に誇りをもちたい」という欲求があるのです。そんな時期が来ることをわかって準備しておかなければ、いざ仕事をしようと思っても「なにもできない」「雇ってくれる場所がない」と選択が狭《せば》まってしまうことになります。

最近は、若い人に「組織にとらわれず、経済活動に流されず、社会貢献をしたい」という人も増えてきました。組織の歯車になるより、働く実感をダイレクトに得やすいこともあるでしょう。

でも、それだけで家族を支えたり、生活の満足を得たりするには、仕事としての戦略も必要になってきます。

なにかひとつの目的だけにフォーカスすると、ほかの部分に歪《ゆが》みが出てきます。

大切なのは、「みんな（社会）のため」「家族のため」「自分のため」という目的を意識して、トータルで仕事人生を考えていくということなのです。

貧困と孤独の不安が消えるポイント

03

社会のため、家族のため、自分のために働くという目的意識をもつ

04

3つの目的は、一生をかけて叶えていく

ここまで読んで、あなたは素朴な疑問がわいてきたのではないでしょうか？

「みんな（社会）のため」「家族のため」「自分のため」っていうけど、それを一緒に叶えるのは難しいんじゃない？　と。

その通りです。

「家族のために」と収入を優先したり、仕事を辞めて家庭を優先すると、自分の夢が叶えられなかったりします。

「自分のため」にやりたいことを追求しようとすると、収入が伴わず、「家族のため」になっていないこともあります。

なかには、仕事は「生活費を稼ぐもの」と割り切って、仕事の合い間や休日に、ボラン

ティアや趣味の世界を広げていくこともできるでしょう。「やりたい仕事をしているけれど、収入が少ない」という人は、ダブルワークをして、足りない分を副業で補っていく道もあります。

私が提案したいのは、時間がかかっても最終的には、すべての幸せを追求していく道。いますぐは難しくても、5年10年かけて準備をすれば、それは可能になるということです。

女の人生は、結婚や育児、両親の介護、夫の転勤などで環境が変わりやすいものです。

20代は「自分のため」に一生懸命働いていても、結婚して子どもができる30代40代は「家族のため」が中心になる人が多いでしょう。

そして、子どもの手が離れると、また「自分のできること」を追求してみようと思ったり、50代60代になると、「世の中の人のため」になにかをしたいと思うようになったりするものです。

あるときは、「家族のため」を第一に考えて働く、あるときは「自分のため」に学び働く……と偏りが出てくるのも事実。しかし、いずれは、「みんなのため・家族のため・自分のための3つすべてが叶う働き方をする」という目的があれば、そんな偏っている時期も、ひとつのステップとして受け入れていけるはずです。

ある女性は、バスガイドをしていましたが、そこでしっかりとお金を貯めて、アメリカに語学留学。そこで身につけた語学力を生かして、外資系企業に就職し、職場結婚をして子どもができたいまも、「家族のため」「よろこんでくれる人のため」にと、生き甲斐をもって働いています。

シングルマザーのある女性は、「いまは子どものために営業の仕事をする。でも、子どもが成人する8年後は、自分のカフェを開いて、オーガニック料理を出したい」と、料理を勉強しています。

友人のお母さんは、30代40代は専業主婦で、50代になってから、アメリカの大学に留学して心理学を学び、カウンセラーになりました。60代からカウンセラーとしての仕事を始め、70歳を越えたいまも、「英会話のできるカウンセラー」として、日本在住の外国人から依頼が絶えません。

これらは、人生を通して、「みんな（社会）のため」「家族のため」「自分のため」を叶えていることになります。

大切なのは、つぎの年代を意識して、準備していくこと。

いま、やりたい仕事に就いていない人、非正規雇用の独身女性、専業主婦やパート勤めの人であっても、5年後、10年後に焦点を合わせていけば、それは可能になるのです。もっともよくない働き方は、いまの状態に甘んじて、なにもしないことです。

私は10年前、40歳手前で上京してきたとき、仕事も伝手《つて》もない状態でした。しばらくは、いくつもの派遣社員やアルバイトを掛け持ちして、昼も夜も働いていましたが、気持ちが明るく、ひとつひとつの仕事を楽しめたのは、「いずれ人の役に立つ〝物書き〟になる」という目標があったからです。

それは少しずつ実現し、ほかの仕事をしなくても生活できるようになっていきました。

家族を支える必要はなかったものの「両親が生きているうちに、仕事の成果を見せて安心させたい」という気持ちが、心の支えになっていました。何冊かの本が出たあとに父が亡くなったので、少しばかり安心させられたのではと思っています。

大事な〝目的〟をもてば、やっていることは、どんなことであろうと、すべて〝手段〟になっていきます。

自分のためだけでなく、人のために働くことは、生き甲斐になっていきます。

「人ため・家族のため・自分のため」……というみんなが幸せになるバランスのとれた働き方は、一生をかけて実現していくものなのです。

貧困と孤独の不安が消えるポイント

04

つぎの年代を意識して、準備していく

05

手に入れたい人生をハッキリさせる

「先のことなんて描けない」という人がいます。

先行き不透明な時代。これから、どんなことがあるかわからない。自分がどんな仕事をしていけるかわからない。結婚するか、子どもを産むかもわからない。だから、いまのことしか考えられないと。

「やりたい仕事は、とくにない」という人もいます。

プライベートでは「旅行がしたい」「大好きな趣味をしたい」「おいしいものを食べに行きたい」などいろいろあっても、仕事はなんでもいい。平和な毎日を送って、現状維持できればいい。だから、仕事には労力をかけたくない。できれば、お給料が高くてラクなものがいいと。

おそらく、人生の未来予想図である〝ライフビジョン〟を積極的に描けない、それに向かって行動できないという人は、「先のことは考えられない」「やりたい仕事がない」というのではなく、なにかを失うことへの〝恐れ〟が見え隠れしているために、やりたいことから目を背《そむ》けているのではないでしょうか。

一方、「やりたいことが見つかりましたので」といって、せっかく入った会社をさっさと辞めてしまう人。「これがやりたいから」と遠くの地にまで移動していく人。どんなに収入が不安定であろうとも、やりたい仕事だけを追求している人など、まわりからは「よくやるねぇ」といわれるような勇気ある行動をとっている人もいます。

彼らは、ちゃんと考えているというより、情熱的に「これをやりたい」という明確なものがあるために、〝恐れ〟がなく、きっぱりと行動できるのです。

どちらの人生も否定するものではありませんが、やりたいことを追求できることは幸せなこと。そして、「やりたいことをやっているから、ほかのことはあきらめるしかない」というのではなく、「こうなったら最高！」という理想的なビジョンが描ければ、さらに人生はおもしろく、豊かなものになってきます。

私もかつては、「先のことなんて描けない」と思っている一人でした。

でも、信じてみることにしたのです。「いい仕事をしている自分」を軸として、「旅をするように暮らしている自分」「尊敬する人たちといい関係を築けている自分」など、理想とする自分の姿を。

すると、不思議なほど、そのひとつひとつが現実になっていきました。

自然にそうなるための行動を起こし、そうなるための選択をしていたからです。

人間、不可能なことは、考えないもの。〝恐れ〟というのは、自分の錯覚《さっかく》にしかすぎないのです。

自分の手に入れたいものがハッキリすると、毎日はとても楽しく、すっきりラクになります。

自分の幸せな道がわかり、行動が一貫しているので、「これでいいのか？　私」と余計なことで思い悩むこともなくなり、自分にとって要《い》らないものは、あっさり手放せるようになります。

自分の世界があれば、人と比べて落ちこんだり、うらやましいと思ったりすることもなくなり、「自分はこれでいい」と自信をもてるようになります。

「仕事で明確なビジョンが描けなくても、プライベートが充実していればいいじゃないか！」という人もいるかもしれません。

しかし、年齢を重ねるほど、やりたいことでもない仕事を続けるのは、しんどくなってきます。最終的に、定年やその他の理由で、会社から放り出されたとき、「なにをやればいいんだろう」と、路頭に迷うことにもなってしまうでしょう。

さて、ライフビジョンの描き方ですが、これには3つのコツがあります。

（1）純粋にやりたいことを選ぶ

ほんとうは、心の奥でだれでも「これをやってみたい」「実現したら、すごく気分がいい」ということを知っているもの。やりたいことをあれこれ考え出すというより、そんな

〝快感〟となるものを道しるべにしましょう。

（2）「こうなったら最高！」というビジョンは、多くても3つ以内に絞《しぼ》る

あれもこれも欲しいでは、エネルギーが分散してしまいます。やりたいことをひとつひとつ叶え、新しいビジョンが出てきたら、それを加えていけばいいでしょう。

（3）文字ではなく、映画のワンシーンのように毎日、思い浮かべる

色のついた映画のようにリアルに心に刻みこむこと。「このシーンを手に入れたい」と思い続けることで、それに相応《ふさわ》しい選択をするようになります。

「どうするか」という方法よりも先に大切なのは、「なにを実現したいのか」というライフビジョン。

目的を見つけたら、方法はあとからついてきます。

いつまでも、「そんなにうまくいくもんじゃないでしょ？」「働くのって、しんどいもんでしょ?」「いまさら遅いでしょ?」なんて怖がっていたら、自分の人生を生きることがないままに時間が過ぎて、最期に「やりたいことをやればよかった」「もっと挑戦してみればよかった」なんて言っているかもしれませんよ。

「自分はこんな人生にしたいから、こう働く」という道を進んでください。

理想のライフビジョンを設定して、そこから行動を選択すれば、時間がかかっても、それは実現することになっていますから。

貧困と孤独の不安が消えるポイント

05

道しるべは自分の心。人生に真剣に向き合い、でっかく挑んでいく

06

「もっと稼げる自分」を選択し、自己肯定感を高くもつ

「やりたいことをやっているから、貧乏でも仕方がない」
「結婚して夫の収入があるから、趣味程度に仕事ができればいい」
という人がいます。

もちろん、それで納得し、不満がなければ、問題はありません。しかし、最初から稼ぐことに対して目を背けているなら、「稼がなくてもいい」というより、「自分は稼げない」と思いこんでいる。つまり、「稼ぐこと」への自己肯定感が低いのではないでしょうか。

お金のことにこだわるのはみっともないことだとか、最近では「貧乏でも明るく生きていけばいいじゃないか！」と貧乏を肯定する風潮もあります。

でも、私は人生において「稼ぐ」ということは、とても重要なことだと考えています。

なぜなら、稼ぐことは、生きていくこと。

生き物が食べ物を求めて行動するように、ごく自然なことであり、自分の足で歩いていくことだからです。

私は、かつて『感情に振りまわされない―働く女のお金のルール』という本で、**「60歳までにコツコツ貯金するより、60歳で毎月10万円稼ぐ女になろう」**と提案しました。

さまざまな仕事をしてきた経験上いえることですが、どんな仕事でも、5年、10年やっていれば、人に教えたり、プロと呼べるようになったりするレベルに到達するもの。

料理をつくること、こだわりのコーヒーをいれること、ヨガを教えること、写真を撮ること、カウンセリングをすること、メイクやネイルを人にしてあげること、ファッションコーディネートをすること……。いまやっている仕事から派生して、なにかを極める方法もあるでしょう。

大きいビジョンを叶えようと思えば、資格を取ったり、大学院や専門学校で学んだり、しっかりと実践を積んだりする必要があるかもしれません。

5年、10年……というのは、過ぎてしまえばあっという間ですが、コツコツ力をつけていけば、人を圧倒させる迫力のある積み重ねになります。

時間をかけて準備をしていけば、だれでもかならず「稼ぐ力」になっていくのです。

60歳までにコツコツと1000万円貯めたとしても、無職になれば、数年でなくなってしまう金額。

酸《す》いも甘いも乗り越えて、いちばん円熟した時期に、「人から必要とされる」という仕事があることは、私たちの心を強くしてくれます。

いくらかの貯金を不安になりながら使っていくより、ずっと安定していて、なによりも幸せな人生だと思いませんか？

「毎月10万」というのは、年金が5年後にもらえるという算段があるからですが、もし、60歳まで待てないなら、月20万円でも、月30万円でも、自分の生活や仕事内容と照らし合わせて稼ぐ額を決め、ライフビジョンを描いていくといいでしょう。

始まりは、30歳からでも、40歳からでも、50歳からでもいいし、「60歳で10万」に焦点を合わせてもＯＫです。

「なりたい自分」に向かって歩き出すのに遅すぎるということはありませんが、積み重ねがあるほど、大きなビジョンを描きやすくなるはずです。

「仕事を選ばなければ、どこか雇ってくれる場所があるはず」という考えもあります。

でも、フリーランスや自営業の感覚で働くことは、だれにとっても必要です。

組織のなかで働いていても、〝ひとり商売〟をしているという気持ちでなければ、仕事はつまらなく、立場も危うくなってくるでしょう。

いい仕事人には、仕事が集まり、そうでない仕事人は、その他大勢で、だれでもできる仕事を奪い合うというのが、労働市場の仕組み。

そんな状態で、自己肯定感が高まるはずはないでしょう。

だから、「いまよりもっと稼げる自分」になることを選択してほしい。自分が成長するほど、求めてくれる人が増え、自然にお金もついてくる……という働き方をしてほしいのです。

「もっと稼ぐ自分」を選択すれば、自分らしい方法が、自《おの》ずと導かれてくるはずです。

「私はやれることがある。だから、どうにかして生きていける」という気持ちは、最高の自己肯定になります。

「簡単にお金を稼ぐ」「しかも、それが継続できる」という道は、じつのところ、ありません。もしあるなら、だれもがやっているでしょう。

「お金を稼げる自分」になるためには、時間もエネルギーもかかりますが、簡単にできないことだからこそ、「稼ぐこと」は尊いことであり、自己肯定感も高まるといっていいのかもしれません。

貧困と孤独の不安が消えるポイント

06

5年先、10年先を見据えて、仕事力をつけていく

第2章

働き方をシフトする

逆転するための戦略を立てる

07

アウトプットは後半。大器晩成型の人生を目指す

30代になってくると、ふと「人生の勝負がついちゃったかな」と思ってしまう人は少なくないでしょう。なんのかんの言っても、世の中、勝ち組と負け組がいる。いい大学を出て、大きな会社に入って、いいお給料をもらっている人は〝勝ち〟、稼ぎのいい男性と結婚した人は〝勝ち〟、子どもを何人か産んで、習い事など教育にお金をかけられている人は〝勝ち〟……というように。

かつて同じような学校に行き、同じような成績で、同じように遊び、同じように合コンなどをしていた人たちが、恵まれた環境にいたり、能力を発揮していたりするのを見ると、「差がついた？」「私、どこかで間違った？」などと、がっくりしてしまう気持ちはわからなくはありません。

でも、人との勝負は、正直いって「どうでもいい」と思います。あまり意味のあることではありませんし、簡単に比べられることでもない。そもそも勝たなきゃいけない勝負なんてないのですから。

それより問題なのは、〝自分の人生〟との勝負です。

仕事に関していえば、「どれだけ稼ぎがあるか」ということよりも、「どれだけ満足する仕事ができているか」というテーマのほうが大きいでしょう。

私は、20代30代のころは、空《から》まわりしてしていることが多く、「私の人生、こんなものかな」「いいじゃないの、これでじゅうぶん」と、たびたび自分を納得させようとすることがあったものの、心の奥のほうでは、いつもこんな思いがくすぶり続けていました。

「こんなはずじゃないよね」

私は、まだやれるはず。がんばれば、きっと能力もついてくる。きっと、なにかがうまくかみ合えば、自分のやる気と能力がスムーズにまわり始めて、いい仕事ができるはずだと。それがなんなのかは、まったくわかっていませんでしたが。

40代になってからやっと、そんな場所を見つけることができて思ったのは、「20代30代で空まわりしていたのは、まったく無駄じゃなかった」ということ。

うまくいかない時期に、「どうすれば会社から必要とされ、自分の居場所をつくることができるのか」「どうすれば、まわりとのいい関係が築いていけるのか」など、あれこれ悩みながら進んできたことが、いちばんの財産になっていると感じるのです。

これは、私が本を書いているから、ということではありません。

会社のなかにいても、不遇な時期を送ってしんどい思いをしたり、散々怒られて落ちこんだり、プレッシャーのなかで仕事をなんとかやり切ったりしたことは、大きな財産になります。それからあとの仕事人生は、前よりもずっとラクになり、そして、自分のやりたいことも実現できるようになってきます。「これまでやってきて、よかった」と、仕事のよろこびを味わう機会も増えてくるはずです。

20代30代、ぬるま湯のような環境にいたら、そこから出ようとしても、出られなくなってしまいます。茹《ゆ》であがっていくカエルみたいに、居心地が悪くなっても、そこから動けない。最終的に外に放り出されたとき、「これから、どう生きていったらいいの？」と、戸惑《とまど》ってしまうのがオチ。

人生は、一生を通して安泰ということは、あまりありません。どこかの時期にもがいたり、しんどい思いをしたりすることになっています。ならば、できるだけ若いうちに、学びの多い環境にいて、あとで楽しく、ラクになったほうがいいと思いませんか？

20代30代は、お金がなくても、報われなくても、さほど悲壮感はありませんが、40代50代で同じ立ち位置に留まっているのは、苦しいものがあります。

なにより〝自己肯定感〟をもてなくなってしまうでしょう。

「いろいろあったけど、いまは満足」と、仕事人生を逆転している人には、つぎの3つの特徴があります。

【仕事人生を逆転できる人の特徴】

（1）稼ぎ力を蓄えている

会社の外を意識して、〝稼ぐ力〟を蓄えていること。第4章で詳しく述べますが、持ち運びのできるスキルや人間関係力を、仕事のなか、または、独自で構築していることです。

人生の後半は〝積み重ね〟がものをいいます。蓄えたものが大きなチャンスを生む資源になります。

（2）ちいさな仕事を大切にする

どんなちいさな仕事でも、そのひとつひとつに精一杯のことをしているうちに、仕事でなにより重要な〝信用〟が積み重なっていきます。もっといい仕事をしたいと思ったら、今日のちいさな仕事にこだわること。逆転に導いてくれるのは、「そこまでやってくれるのか！」と感動したまわりの人なのですから。

（3）行きたい方向に自ら動く

「いつかこんなふうになりたい」という高い志をもって、自分で動いていることが大事。動いていれば、それに必要な情報やチャンスが引き寄せられてくるもの。「あきらめないこと」が肝心。すばらしい未来は、それを信じる人のためにあります。能力や人間力が高まれば、自然にそれに相応しい場所が用意されるのです。

できるだけ早い時期にたくさんのインプットをして、人生の後半でアウトプットができればいいのです。

私が、40代以降の時期に「逆転可能」と考えるのは、つぎのような理由があるからです。

□ 年齢を重ねると、自分のやりたいことや、能力を発揮できることが見えてくる
□ 世の中の仕組みを理解して、アプローチの仕方がわかるようになる
□ 同年代の力のある人とつながりやすく、実現可能のスピードが速くなる
□ 人を使ったり、頼ったりすることで解決できることが多くなり、自分の役割にフォーカスできる

つまり、人生、後半のほうが可能性が広がり、いい仕事ができる。大胆に変化できて、社会に貢献できることも多くなります。
大器晩成型の人生を目指していこうではありませんか。

貧困と孤独の不安が消えるポイント
07
逆転できる人は、行きたい方向に自ら動く

08

戦略を立てる前に現状把握《はあく》

「自分の人生に勝つ」というのは、負ける人がいる勝負ではありません。

「自分の人生に勝てるか？」は、「自分の満足する方向に、人生を進められるか？」ということ。「世の中との戦いに勝つ」ということでもあり、お互いが「win-win」の関係になることが重要。自分が働いていて幸せであり、世の中に貢献できている状態になることが、〝勝利〟です。

その戦略を練る前に、かならずやっておくべきことは、「現状把握」。

現在の状態を、できるだけ客観的に、正しくとらえることが、戦いの第一歩。自分がどんな武器をもっているのか、戦う相手はどんな状況なのか、わからなければ、戦いようがないでしょう？

といっても、自分のことほどわからないことはありません。自分に対しては甘くなったり、反対に厳しくなったりして、なかなか現状を認識できないもの。

自分の大親友になったつもりで、つぎの順番で自分のことを眺《なが》めてみてください。賢くて、愛情にあふれた大親友は、きっとすばらしい参謀《さんぼう》になってくれるはずです。

【自分に対する現状把握のステップ】

STEP❶ いまの感情を認める

「いまの自分に満足しているのか」「望む人生を送れているのか」「不満があるとしたら、どんなところなのか」……正直な気持ちを打ち明けてください。

「このまま終わりたくない」「思うような仕事ができていない」「人に見下されたようで悔《くや》しい」など、ネガティブな感情が出てきたら、その感情を認めることです。不満こそ、変化するための大きなエネルギーになるのですから。

「仕事内容はいいけれど、収入や働き方に不満足」という人もいるでしょう。そんな不満な部分をあぶり出すことも、戦略を立てるためのカギになります。

逆に、「このままで、じゅうぶん満足」「なにも不満はない」という人こそ、いまの状態に安心しきっては危ない。現状に留まり続けるためには、なんらかのポジティブなアクションが必要です。

まずは、自分の正直な気持ちにとことん向き合うこと。それは、「自分はなぜ不満なのか」「自分はどうしたいのか」「どんな場所に行きたいのか」、考えることにつながっていくはずですから。

STEP❷ 感情を切り離して、自分のもっている〝武器〟を考える

感情を思いっきり出したあとは、賢い大親友になったつもりで感情を切り離して、「自分は、戦うためにどんな〝武器〟をもっているのか」を考えてみてください。

武器とは、世の中に貢献するための道具です。

「ウェブデザインができる」「英検準一級をもっている」「料理ができる」「ヘアメイクができる」でも、なんでも構いません。

「初対面の人と打ち解けるのが得意」「整理整頓が得意」というのも、間接的な武器にな

るでしょう。これまで人によろこばれたこと、褒められたことにヒントがあります。そんな武器を洗い出してみましょう。

ただし、大切なのは、その武器が「使えるか」ということですが、「どんなふうに使うか」はつぎの章から詳しく述べるとして、ここでは、「自分がなにをもっているか」について考えてください。

なかには、「なにももっていない」「できることはあるけれど、堂々と言えるレベルではない」という人もいるかもしれません。

それでもいいのです。そんな人に大切なのは、「自分はなんにも、もっていない」「自分のレベルは、たいしたことがない」と潔《いさぎよ》く認めること。いまの自分を正しく直視することができれば、「ふーん。自分のもっている武器はこんなものか。では、この状況からどう戦っていきますか」と考えるようになります。

ちいさな兵力で大きな勝利をおさめるには、ありきたりの戦術では、うまくいかないのです。

STEP❸ いまいる場所で「求められていること」を考える

自分のことが把握できたら、世の中のこと、とくに、現在いる会社や組織、フリーランスであれば、お金を払ってくれるクライアントのことを理解することです。

まずは、彼らが「なにを求めているか」。

たとえば、非正規雇用で事務の仕事をしていれば「時間分、与えられた作業をしてほしい」、営業であれば「毎月〇〇〇万円の売り上げを達成してほしい」、フリーランスであれば「報酬に見合ったいい仕事をしてほしい」など、いろいろあるでしょう。会社の目的は、社会に貢献して利益を上げることなので、その目的をわかっておくこと。

私はかつて衣料品店店長をしていたとき、ハードワークでボロボロの状態でした。職場が働きやすくなるための提案をあれこれとしてみましたが、却下《きゃっか》されてばかり。同期の店長のほとんどが肉体的にも精神的にも疲れ果てて辞めていきました。

私も「もう限界……」という状況に追い詰められたとき、はたと思い当たったことがあります。

「この職場は、〝使い捨て〟の人材でいいんだ」ということ。言葉がよくありませんが、

〝コマ〟となる若くて元気で従順な社員がいればいいんだと。そして、「発言力をもつには、それなりの立場にならなければいけない」ということも、よく理解できました。

もちろん、そんな冷酷な会社ばかりではありませんし、現在はその会社もずいぶん改善されていると思います。

しかし、会社が、自分の人生の幸せまで面倒を見てくれるわけではありません。「やる気や能力が空まわりしている」という状況は、シビアに考えると、「会社の求めているもの」と「自分のできること」、つまり、〝武器〟となるものが、ズレていることが多いのです。

ここでいう〝武器〟とは、人が求めてくれて初めて、その威力《いりょく》を発揮《はっき》するのです。

社会に潜んでいる暗黙のルール、矛盾《むじゅん》しているルールを理解しておくことも必要です。

たとえば、大企業に二流、三流の大学から採用してもらおうと思ったら、それなりの〝武器〟が必要になります。

非正規社員が正社員と同じような仕事をしていても、給与は半分以下ということもあります（建前では、〝同一労働同一賃金〟といわれていますが）。能力のある女性でも、「女性だから」という理由で、昇進が難しくなることもあります。

「いい・悪い」ということではなく、そんな現実には、かならず、なにかしらの理由があるということ。

「あきらめる」というのではなく、そんな現実があることをわかっておけば、相手を納得させたり、別の場所を見つけたり、ほかの方法でステップアップしていく方法も導き出されてきます。

社会の現実を理解することも、戦うための準備。世の中に挑んでいくために、現状把握は、とても大切なステップなのです。

貧困と孤独の不安が消えるポイント

08

戦いを始める前に、自分と社会の現実に目を向ける

09
人生のルートは自分で決める

何通りもの人生を生きられる時代になった、と感じています。

これまでは、社会が決めたルートに従うことが、生きていく道のりでした。男性は定年まで働き、老後は年金暮らし。女性は、結婚・出産で専業主婦になり、夫の経済力の範囲で生きるか、家庭に支障がない程度の仕事をする……というようなライフコースがほとんど。

ところが、一人ひとりの結婚や働き方が多様になったことで、だれもが同じような道のりを歩くことは、現実的に不可能になっています。

これから社会や個人の生き方がどんどん変わっていくなかで、変化を恐れて、人と同じような道を行こうとしたり、過去の道にしがみついたりする人は、現状維持どころか、かってよりもずっと厳しい道のりになってしまうでしょう。変化を前向きに受けとめて、積極的に変わっていこうとしなければ、頼りない〝流され人生〟になっても仕方がない。大器晩成の逆転人生にするためには、「どんなおもしろいことができる？」と可能性を楽しんでいこうとするスタンスが大事なのです。

そして、これまで常識やあたりまえと感じていたマインドセットを解くこと。

「女性が家事はするものでしょ」「管理職になったら、ハードワークをしなきゃいけないでしょ」「私なんかに、できるわけないでしょ」といった思いこみの枠《わく》をはずして、「どうしたら、できる？」と自由に発想すること。

このように働き方をシフトして、人生を逆転していけるかどうかは、そのルートを自分で自在に描けていけるか、にかかっています。

私は、仕事人生は大きく分けて、つぎの3つの時期があると考えています。

仕事人生を定年退職までの60～65歳までとして、2つの時期とする人も多いですが、ここでは、あえて60歳以降も働くものと仮定します。

【仕事人生の3つの時期】
（1）仕事の春期（20〜30代）……社会の道に従い、学びと経験をインプットする
（2）仕事の夏期（40〜50代）……自分ならではの道を進み、アウトプットしていく
（3）仕事の秋期（60代〜）……さらに自分のペースで、自分の道を極めていく

たとえば、料理人の仕事人生を考えてみましょう。「春期」「夏期」「秋期」の変遷はつぎのとおりです。

「春期」は、若々しく、まだ何色にも染まっていない時期。レストランなどで修業をしながら、学びと経験を重ねていくインプットの時期です。海外のレストランで働いたり、料理学校に通ったり、調理師や栄養士の資格を取ったりします。

「夏期」は、自由に活動するアウトプットの時期。専門の料理に特化した自分のレストランを開き、レアな店として評判になります。値段は結構高めに設定していますが、遠くからもやってくる人が後を絶ちません。

「秋期」は、成熟した仕事を、自分のペースで気ままに楽しむ時期。自宅で週末だけの予約制ディナーレストランや、不定期に料理教室も開いています。ボランティアで、地域の行事やスポーツ大会の炊き出しに行くこともあります。

つまり、「あれこれインプット」⇒「自分らしくアウトプット」⇒「気ままに仕事を楽しむ」……という道のりです。

もちろん、これからのルートは、人それぞれ。学生からいきなり起業する人もいるし、定年まで会社勤めをする人や、40代50代になってから、これまでの仕事を捨てて学び始める人もいます。

ずっと同じ職種を通さなければいけないということはなく、職種を変えたからこそ、前の経験が生かされることもあります。

いま「老後は働きたくない」と考える人もいるでしょうが、「働けないから働かない」というのではなく、「働こうと思えば働ける」状態にしておくことが大切。これまで引き際《ぎわ》を考えながら仕事をしてきた人も、「引退のない働き方」について、可能性を広げて考えてみるといいでしょう。

老後に振り出しに戻って、だれでもできる仕事をするよりも、自分にしかできない仕事をするほうが幸せでしょう？

大切なのは、「働き方をシフトしていくこと」を、いつも頭の片隅に置いていくことです。そうすれば、自然に、働いていくための最善なルートが導き出されてきますから。

人生を逆転してきた人は、いつもつぎの方向性を考えて、働き方をシフトしています。

たとえば、翻訳者だった女性は、「これだけでは生活ができない」と考え、40代からコツコツと不動産の勉強を始め、ちいさな不動産投資から、数億円のマンションを数棟もつまでになりました。

オーナー社長として働いてきた女性は、40代になってすぐに経営を人に譲り、プチリタイア生活を始めました。現在は、「お金のためでなく、人の役に立つ仕事がしたい」と、女性に学びの場を提供したり、経営の相談に乗ったりする仕事をしています。

英語教員として働いていたある女性は、30歳になる前に退職。結婚、出産と並行して、大手英会話スクールで働いたあと独立し、40代になった現在は、英会話スクールの経営をしながら、語学の記憶を司《つかさど》る脳細胞について学ぶために、医学部の大学院に通っています。

彼女たちは、突然、働き方をシフトしたのではなく、「いずれそうするつもりだった」

「やっているうちに、つぎの展開が見えてきた」という人たちです。

また、人生の大きなルートは考えながらも、数年ごとにルートを柔軟に描き直すことも大切。私も、30代後半にフリーライターとして独立したあと、雑誌から本に媒体《ばいたい》を変えたり、書く内容を変えたり、必要性を感じて留学したり……と、つぎつぎに新しい変化が起こりました。

仕事に夢中になっていれば、「つぎは、こうなりたい」「こんなことをやってみたい」という新しい方向性が見えてくるもの。最初から、「このルートを行く!」と決めこむのではなく、社会や自分の状況に合わせて、そのときどきの「波に乗る」ということも大いにあり。それに、先がわからない人生のほうがわくわくして楽しい。「こんなもんか」と、先が見えちゃう人生なんて、つまらないと思いませんか?

貧困と孤独の不安が消えるポイント

09

人生の大きなルートを考え、数年ごとにちいさな修正を加える

10 柔軟な働き方にシフトする

私が働き方をシフトしたほうがいいと考える、もっとも大きな理由は、組織や社会の都合ばかりに流されるような働き方では、自分の幸せを逃してしまうからです。

逆にいうと、**自分を幸せにするためには、自分で働き方を主体的に選ぶ必要があるということです。**

とくに、女性であれば、結婚や子育て、介護などプライベートな事情が重なると、「ちょっと中断したい」「しばらくは、ゆっくりしたペースで働きたい」ということもあるでしょう。昨今は男性でも、「子どもとの時間を多くもちたい」「サッカーチームのコーチをしたい」「留学したあと転職したい」という人もいるかもしれません。

シングルの女性であっても、「海外で働きたい」「ボランティアをしたい」「田舎暮らしをしたい」「興味のある仕事に挑戦したい」など、やりたいことがあるものです。

そんなとき、自分のペースで仕事ができたら、どんなに幸せでしょう。

「自分のペースなんてとんでもない。組織に入ったら、それに従うのが当然」という人は、仕事以外にやりたいことがないなら問題はありませんが、一時期も主体的に自分の時間をもとうとしないまま、ほかのやりたいことをしないままに、仕事人生を終えてしまうのでしょうか。

日本社会は、これまで「新卒で就職したら、退職まで働く」が慣例でしたが、そんな終身雇用制は崩《くず》れつつあります。

「働く=雇われる」としか考えられず、組織に属するしか道がないと思う人は、もはや思考停止の状態かもしれません。

もちろん、20代のころから、組織のなかで自分の都合を優先することは難しいものです。

しかし、30代40代……と、仕事力をつけていくことで、働き方を柔軟にシフトできる可能性も出てきます。さらに恵まれた場所に転職したり、起業したりすることもできるかもしれません。

また、仕事の能力や実績がなくても、そこから学び直すことで、自分なりの新しい働き方が可能になることもあります。価値ある仕事を提供できるようになれば、柔軟な働き方もできるのです。

ある服飾メーカーの社員として働いていたデザイナーは、その実績と人脈を武器にフリーランスとして独立。現在は、かつて在職していたメーカーや、別会社のデザインを請け負ったり、個人のコーディネーターをしたりしています。

「思い切って独立してよかった。いまは自分のペースで仕事ができるから、ストレスがまったくない。このまま、生涯現役で働きたいと思うくらい」といいます。

また、ある知人は、システムエンジニアとしてハードな日々を送っていましたが、「こんな働き方をしていても未来はない」と、30代でガラス工房に弟子入り。やっと食べるだけの収入で数年間修業したあとに独立し、現在はガラス工芸作家として活躍しています。

「いまも経済的には豊かってほどじゃないけど、やりたい仕事をやって満足な生活を送っているから精神的には、前よりずっと豊かよね」

大きな賭《か》けではありましたが、やりたいことに挑戦できたのは、幸せなことでしょう。

また、大手メーカーをリストラされたのを機に、30代後半から看護学校に行き、就職した女性もいます。

「これからなにをしようかと思ったとき、子どものころ、看護師になる夢があったことを思い出したの」

彼女は、新しい仕事に思い切って飛びこむことで、第二の仕事人生をスタートできたのです。

少し話はズレますが、海外でよく出逢う日本人バックパッカーに、看護師や薬剤師など、医療関係者が多いと感じます。彼らは、いつでも就職できるという安心感があるから、仕事を中断することができるのでしょう。労働市場で需要《じゅよう》があるからこそ、柔軟な働き方も可能なのです。

働き方をシフトしたいと思う人も、「このまま定年までいくのかなぁ」という人も、一度立ちどまって、「10年後、どんな働き方をしていたいか」「どんな人生であれば幸せなのか」を、具体的にシミュレーションしてみるといいでしょう。

多くの人は、仕事を確保したら、仕事探しをやめてしまいますが、いつでも、どんな仕事であっても、自分のさまざまな可能性を探ることは大切です。

働き方を変えていく方法は、おもにつぎの4つがあります。


【働き方のシフト方法】
（1）いまいる会社で希望の働き方ができるほど力をつける
（2）自分の理想を実現できる会社に転職する
（3）副業でやりたいことを目指す
（4）フリーランスや起業の道を選択する

もし「こんなことをしてみたい」というものが出てきたら、「どうせ、そんなのムリだし……」と最初から決めつけるのではなく、「どうしたらできる？」と、真剣に、働き方をシフトする戦略を練ってみてください。

「理想の生活を実現するには、どんな働き方をすればいいのか」

「先にそれをやっている人は、どんな方法をとっているのか」

「経済的には、どんなふうに生活を成り立たせていくのか」
「どんな準備を、どんなダンドリでしていけばいいのか」
「うまくいかなかった場合は、どうするのか」（最後の一手も考えておくことが大事）
……などなど考えているうちに、突破する方法も見えてくるでしょう。方法は無限にあります。

いろいろ考えた末に、「やっぱり、私はいまの働き方がいちばん」という結論に至ってもいいのです。

大切なのは、「これしかない」とあきらめるのではなく、ほかの道も検討したうえで、自分のベストな働き方を主体的に選んでいこうとすることなのです。

貧困と孤独の不安が消えるポイント

10

10年後の働き方を具体的にシュミレーションしてみる

11 自分のなかに〝資産〟を蓄積できる仕事を選ぶ

働き方をシフトするためには、「〝自分〟という商品を、いかに価値のあるものにしていくか」が大切です。求められる価値が高いほど、働き方を有利に変えていけるからです。

労働力は、ひとつの商品。仕事の値段も、物の値段の構造と、基本的には同じです。

仕事人としての価値を高める方法は、おもにつぎの3つがあります。

【仕事人としての価値の高め方】

（1）時間とエネルギーをかけて、価値を高める

どれだけの時間とエネルギー、コストをかけて、その労働力を築いてきたかで、仕事の

価値は高まります。たとえば、建築士の場合を考えてみましょう。自宅を建てるのに設計を頼もうとした場合、新米の建築士よりも、長年の経験と優れた実績のある建築士にお願いしたいと思うでしょう。いい仕事をするために、コストや時間を存分にかけていれば、自ずと技術は高まっているはずです。

(2) ブランド力をつけて、価値を高める

ほかの人となにが違うのか？　わかりやすい指標や証明によって、市場で有利な立場を築くことができます。建築士なら、「一級建築士の資格がある」「コンペで優勝した」「有名な○○氏のもとで修行した」といった歴史や、「日本伝統を用いた現代建築に特化」などのストーリー性、これまでのクライアントからの評判など、総合的な評価で、ブランド力はつくられていきます。

(3) 需要と供給の関係で、価値を高める

価値は需要、供給の大きさによっても決まります。景気がよく、家を建てたい人が増え

ると、設計の値段は高くても売れることがあるでしょう。また、特殊なスキルをもった建築士が希少なときは、そんな人材が必要な場から の仕事が殺到し、価値はさらに高まります。反対に、スキルをもった人が多くいすぎると、仕事人の価値は下がっていきます。

ほかにも、仕事人としての価値ある〝資産〟は、仕事のスキルだけでなく、「あなたといっしょに仕事がしたい」と言ってもらえるような人間力、活かすことのできる人脈などをもっていることなどもウリになります。

ところで、10年ほど前に世界を旅すると、ヨーロッパや中東などで「ナカタ！ ナカタ！」と言われることがありました。

日本人というと、サッカーの中田英寿選手のことを連想するらしいのです。彼は、旅行で、緊迫した国境の検問所を通るとき、「ナカタ?」と気づかれて、調べられないまま通過できたり、旅先で接待を受けたり……と、さまざまな伝説があり、もしかしたら日本でもっとも世界に通用する仕事なのではないか？ と思ったものです。

サッカー選手として、ヨーロッパリーグやワールドカップで活躍した実績があること、世界中に顔と名前が知られていることもありますが、その陰には、アスリートとしての並々ならぬ努力があります。

基本練習をつねに大事にし、試合に出場しなかったときも、試合同様に90分間走ってコンデションを整えるほどのストイックさ。イタリア移籍を考えて学んでいたイタリア語を始め、数か国語を話す向上心など、見えないところで、おどろくべきエネルギーと時間をかけ、ブランド力を築いてきたからこそ、働き方をシフトしたいまも、サッカー関連の仕事だけでなく、企業の役員や観光庁のアドバイザーなど、さまざまな場所からオファーが絶えないのです。おそらく、大きく信頼を失うことがないかぎりは、「ナカタ」というだけで一生生きていけるでしょう。

少しスケールの大きなたとえになりましたが、話を戻します。

働き方をシフトするためには、やみくもに働くだけではうまくいきません。

お給料の高さ、働きやすさといったもので仕事を選ぶのではなく、自分のなかに、こうした価値のある資源をコツコツ蓄積できる仕事を選ぶことが大事なのです。

報酬というのは、お金だけではなく、自分に残る価値のほうがずっと大きい。信用される価値が積み重なると、さらに新しい仕事を生み出し、さらに大きな価値を積み重ねていけるのですから。

私は、フリーライターになりたてのころ、多少、文章を書けて、写真を撮れるということ以外は、信用される価値というものがまったくありませんでした。会社で長く働いた実績も、大きな仕事をしたこともありません。

だから、自分のなかに信用される資源を構築するのに、数年かかりました。ちいさな雑誌記事など、ひとつひとつの仕事をていねいにして、「いい仕事をしてくれるね」といわれる関係性を目指しました。

知り合った仕事関係者との縁が、できるだけ途絶えないようにしました。そうこうしているうちに、一冊の本を書くチャンスが舞いこみ、そこからつぎつぎに仕事につながってきたのですが、自分のなかの資源というのは、結局、ちいさなことの積み重ねのように思います。

「普通の会社員だから、そんな資源なんてない」という人も、ひとつの会社で長く勤めているだけでも大きな信用になります。

会社のなかで働けば、辛抱《しんぼう》することもあるし、社会の常識や、組織の見えないルールも理解できるようになります。知らず識《し》らずのうちに仕事を処理する能力も身についていきます。

「あの人とは仕事がやりやすい」といってくれる仲間がいることも、信用に値《あたい》することになるでしょう。

いまやっている仕事のなかでコツコツと継続的に、ちいさな実績を積み重ねていけば、働き方をシフトしていくための大きな踏み台になるはずです。

自分では、あたりまえに感じていることも、ほかの場所で活かせる資源になるのです。

大切なのは、〝他人〟の視点で「自分のなにが信用できるのか」「なにに魅力を感じてくれるのか」と客観的に見ること。会社の外側を意識して、自分のなかに資源を積み重ねていくことです。

ある会社社長がこんなことを言っていました。

「うちのような中小企業は、いつか潰《つぶ》れることがあるかもしれない。そんなとき、社員たちが、ほかの会社から引っ張ってもらえるように、優秀な人材に育てておきたい」

こんな会社であれば、社員たちが成長しながら会社に貢献し、さらに、会社の外の世界でも、その価値が通用していくことでしょう。

しかしながら、親切な会社ばかりではありません。

「ただ、会社にコキ使われるだけで終わった」「お金をもらうだけで、自分のなかにはなにも残っていない」とならないように、会社を利用させてもらって、自分のなかにどんどん資源が積み重なる仕事をしてほしいと思うのです。

貧困と孤独の不安が消えるポイント

11

報酬の高さは、お金よりも、自分に残る資源の多さで計る

12

10年でできることを大切にする

20代30代で、仕事においで満足を感じられない場合、仕事人生の後半で「なんとか逆転する道はないものか」と考えてしまうものです（私もその一人でした）。もしくは、一時期、専業主婦になった人が、「なにかやりたい。これから逆転する方法はないのか」という思いに突き当たることもあるでしょう。

まずは、「逆転とはなにか？」ということから考えてみましょう。

玉の輿《こし》婚をする、宝くじで大金を得るといったことも、人によっては逆転と思われるかもしれません。ネットビジネスや株で大儲《もう》けすることも、逆転ととらえる人もいるでしょう。

でも、ここでは、仕事における精神的な側面からの逆転を定義したいと思います。

「自分の本当にやりたい仕事をやり、人生を心から楽しむ」ということです。

しかも、その先は「やりたい仕事で、満足する収入を得る」という道（これについては第4章で詳しく述べます）。この軸が自分のなかにあれば、あれこれブレることはありません。

あえて厳しいことを書きますが、30代以降の人にとって、〝逆転〟は大いにありますが、〝一発逆転〟は起こらない、といってもいいでしょう。

たしかに、突然のように大きなことを成し遂げたり、いい転職ができたりして、「あの人は一発逆転したなぁ」というような人もいるかもしれません。

しかし、それは日ごろコツコツとやってきたことが、ある日、なにかの形に現れるのを傍《はた》から見て、〝一発逆転〟と感じるだけ。数十年生きてきた人に対しては、「これまでなにをやってきたか」が評価され、現実をつくっていきます。

チャンスを与える人も、まぐれのようにホームランを打ったことのある人よりも、3回に1回、ヒットを打ち続けてきた人のほうを、期待するはずです。

結局、逆転の唯一の道は、〝本物のプロフェッショナル〟になっていくことです。

20代であれば、「びっくりするような一流企業に就職できた」「才能が認められて、大きなチャンスをもらった」ということがあるかもしれませんが、それはポテンシャル（可能性）を見込んでの〝一発逆転〟。逆転の状態を継続していくには、それなりの努力も必要になります。

私は、30代以降の人にとっても、逆転はまったく難しいものではないと思っています。逆転とは、魔法のように起こるのではなく、やることをやっていれば、当然のように起こること。

そのために、逆転のシナリオを描き、それに合った行動をとりさえすればいいのです。そこで、逆転したい人に伝えたい大きな戦略は、つぎの3つ。

【人生後半からの逆転戦略の立て方】

（1）10年でできる目標を立てる（長期目標）

（2）（1）の目標に向かって、1年でできる目標を立てる（中期目標）

（3）（2）の目標に向かって1か月の「楽勝でできること」を目標にする（短期目標）

まず、30歳以降は、だれもがやれるような簡単なことをやっても〝逆転〟にはなりません。

少々難しいからこそ、〝逆転〟といえるのです。それに難しいことにチャレンジしたほうがおもしろいし、やり甲斐があるではありませんか。

打算ではなく、本当にやりたいことを、とことんやれるような〝10年越し〟の逆転ドラマを考えてみましょう。

どんな人生にしたいのかを、まず想像してみることが最初のステップ。この作業をしないと、自分がどこに向かっているのかわからず、迷走を続けてしまいます。

台湾茶の専門家になって自分のカフェをもつ、大学で学び直して歴史学者になる、高齢者を中心にしたヨガスクールを開く、2か国語をマスターして留学生が暮らす下宿屋を経営する、家事代行サービスの会社をつくる、などなど。こういった目標は、あれこれ考えて見つけ出すより、なんとなく継続的に思っていたことが、ほんとうにやりたい〝本音〟なのかもしれません。

注意すべき点は、10年後は当然のことながら、いまよりも10歳年をとっていること。若い人と市場を奪い合うような働き方では、うまくいきません。せっかく重ねてきた価値がうまく使えず、もったないことになってしまいます。そのときの自分の状況を想像して、「なりたい自分」を設定することで、人生逆転の土台ができあがります。

それができたら、1年ごとに、その目標が当然のように叶うための中期目標を設定しましょう。資格をとる、英検2級を取る、大学で学び直す、自分の目標を叶えている人にできるかぎり会いに行くなど、さまざまな目標が出てくるはずです。

そして、3番目のステップは、「楽勝でできること」をコツコツ積み重ねていくこと。「楽勝でできること」でないと続きませんから。日々目標に向かって行動していれば自信がつき、「きっと、10年後の目標も叶えられる」という気持ちにもなってくるものです。

もうおわかりでしょう？

〝逆転〟という現象は、長期間、継続することによって起こるもの。「楽勝でできること」が積み重なると、「難しいこと」を叶えてしまう力になるのです。

とくに、「自分は、とくにすぐれた能力がない」と思っている人なら、だれもが平等に与えられている時間を、ひとつのことにコツコツ注《つ》ぎこんでいくことしか、逆転の道はありません。30代以降は、焦《あせ》ることはありませんが、時間を有効なところに使いたいものです。

いまこの瞬間に努力する方向を間違ってしまうと、中途半端な結果になり、「どうして自分だけがうまくいかないのか？」ということになりかねません。

だからこそ、「自分の本当にやりたい仕事をやる」という目標を大切にしてほしいのです。

私は、自分自身はまだ人生の道中にいて逆転したとは思っていませんが、40歳を過ぎてから「自分の本当にやりたい仕事をやり、人生を心から楽しむ」ということはできるようになりました。

デビュー作を出したときに思ったことは、「まずは、10年愛される作家になりたい」ということ。そんなとき、大先輩である作家の仕事部屋に伺う機会がありました。55歳でデビューして20年以上書き続けた本が、書棚に２００冊ほどずらりと並んでいるのを見て、「いつかこうなりたい」とイメージすることができたのです。

20年で２００冊なら、1年で10冊。「そうなるためには、どうすればいいのか」と、とことん考えた末、やっていることは、コツコツと地道に毎月、毎日、目標を決めて書き続けることです。

そのためには、興味のある人に取材をしたり、優《すぐ》れた本を読んだり、旅行をして感性を磨いたりすることが必須だということも、やっているうちによくわかってきました。

目標とする場所を目指すことで、行動は自然に導き出されてくるものです。

貧困と孤独の不安が消えるポイント

12

長期・中期・短期目標を立て、「楽勝でできること」を継続する

第3章

スペシャリストの道

自分軸をもつことが出発地点

13

心から好きな仕事を選ぶ

幸せな働き方をするには、好きな仕事をやるか、やっている仕事を好きになるか、しかありません。好きなことを仕事にできた人は幸せですが、なかにはたまたま出合った仕事を好きになったということもあります。

学生時代にアルバイトで入った会社で、能力を発揮し、20年後には役員になっていたという人もいます。

また、夫が病気になって、再就職も叶わなかった主婦が、切羽詰ってネットショップを始めたところ、大きな利益を生み出し、「商売にすっかりハマってしまった」ということもあります。

仕事に手応《ごた》えや、やり甲斐を感じると、自然に楽しくなり、好きになってくるものです。

要は、自分の仕事に誇りをもち、心から愛することができればいいのです。

好きになれば、学ぶことにも意欲的になり、手強《てごわ》い仕事にも積極的に取り組んでいけます。

こうして地道に学び続けることや、挑戦し続けることが〝能力〟になっていきます。

これまでの時代、働くことにおける楽しさや、よろこびといったものは、あくまでも〝おまけ〟のようなものでした。

「好きな仕事に出合える人はほんの一部」「仕事はしんどいものだ」「我慢するのも給料のうち」という考えは、いまも多くの人のなかにあるのではないでしょうか。

仕事そのものにおける楽しさやよろこび云々《うんぬん》は脇において、属している企業の大きさや、収入の高さを、人としての価値としてとらえる傾向があったのも否《いな》めないでしょう。

だれもが同じような仕事を、合理的にやらされている社会構造のなかでは、それはそれで意味のあったことかもしれません。

しかし、仕事人生が長くなり、仕事を人生の幸せの枠組みのなかで考えるようになった現代では、「どれだけ、やり甲斐のある仕事をしているか」「どれだけ仕事を楽しんでいるか」は、人生の大きなテーマになりつつあります。

お金で買える満足から、仕事を含めて充実した生活の満足へと幸せの基準が変わりつつあり、人生ですばらしい経験をすることや、信頼できる家族や仲間といっしょに豊かな時間を過ごすこと、ほんとうに価値あるものに目を向けて、意義のあるものを生み出していくことが重要視されるようになっています。

人としての自己肯定感も、〝個人〟として人から求められたり、よろこばれたりして、築かれていくことが多いでしょう。私たちは、働く目的をシフトし、本当に好きな仕事を選んでいく必要性が出てきたのです。

さて、「この仕事を好きなれるか？」を見分ける方法があります。

好きになれる仕事なら、「手と足を使っている」。
好きになれない仕事は、「目と耳と口を使う」。

つまり、やっていることに対して、すぐに動き、あれこれ調べたり、対処したり、現場に行ったり……と、積極的な行動をしていれば、その仕事は好きになれるということ。

一方、ただ見たり聞いたりして「ふーん」で終わったり、「それってさぁ」と単なる批評家になって終わるだけでは、好きになれないということです。

私の通っている整体の先生は、かつて営業の仕事をやっていたころ、10年間ずっと辞めたいと思い続けていたとか。そのころから体の機能に興味があり、体や健康に関する専門書を読んでいたそうです。

30代になってから整体の専門学校に通い、病院に就職したのち独立。その知識の豊富さと、施術の巧《たく》みさには、毎回おどろかされます。いつも楽しそうに仕事をしていて、こう言うのです。

「もっと早く働き方を変えてもよかった。いまの仕事は忙しくてもストレスはありませんね」

好きな仕事している精神的な恩恵は、はかり知れないものがあるでしょう。

ただし、好きなことに突き進む場合には、いくらかのリスクもあります。

たとえば、「演劇で成功したい」「イラストレーターになりたい」「保育士になりたい」「ネイリストになりたい」など、やりたいことがあったとしても、「本当に成功できるのか？」「それで食べていけるのか？」「収入が少ないのでは？」といった不安があるかもしれません。

やりたいことを仕事にするのは幸せなことですが、それと同時に社会の現実もしっかりと受けとめて、得るものと、失うものを理解しておく必要があります。

「不満足なことがでてきた場合、どうするのか？」、その対策も考えておいたほうがいいでしょう。

誤解を覚悟で書くと、私は「仕事は〝遊び〟の要素が大きい」と思っています。

これは、いい加減にやっているということではなく、むしろ、たいへん真剣で夢中になっているからこそ、〝遊び〟なのです。真剣にやれば、仕事は娯楽よりも、趣味よりも、ずっと楽しくてたまらないものになるでしょう。

好きなことを仕事にしている人たちは、よく仕事のなかで「それ、おもしろいね」「やってみたいね」を連発し、目をキラキラさせます。

そんなわくわくとした好奇心や、未来への創造性にあふれた仕事であれば、しんどい道のりであっても、とことん追いかけてみたいと思うのではないでしょうか。

あなたが、心を動かされることを仕事にしてください。

人生を長い目で見て、「やらされる仕事」から「やりたい仕事」へシフトしていくことが、幸福の条件なのです。

貧困と孤独の不安が消えるポイント

13

「手と足を使っている仕事」を選ぶ

14

どうしてスペシャリストである必要があるのか？

貧困と孤独の不安が消える働き方をするためには、ゼネラリスト（分野を限定しない広範囲な仕事をする人）から、スペシャリスト（特定分野に特化した仕事をする人）へのシフトをすることが近道です。

終身雇用制が崩れ、組織が一生の面倒を見てくれなくなった現代においては、社会全体で通用するために、専門的な知識や優れた技術をもつことが必要になってきたからです。

私にも苦い経験があります。

ゼネラリストとして会社のなかで働いてきた者が、外に放り出されたときは、たいへん不安なものです。ハローワークや派遣会社で仕事を探そうとするものの、なかなか再就職できない。「あれこれやりました。管理職もやりました。なんでもできます」というのは、

「なんにもできない」と同じこと。「広く浅くできます」よりも、「これだけは、できます。実績もしっかり積んできましたから」のほうが、仕事は見つかりやすいのです。

〝総合職〟という名のゼネラリストの多くは、会社のなかで、さまざまな部署に異動させられ、ときには地方に転勤させられてハードな仕事を強《し》いられます。

ところが、身につくのは、特定の会社でしか通用しないレベルの能力であることが多いもの。会社に居続けることを前提として、人間関係に苦労しながらも、昇進・昇給していけば問題ないでしょうが、社会構造や人のニーズが複雑になり、変化の激しい現代社会で、ゼネラリストとして生きていくのはリスクが高すぎます。

浅く広い知識やスキルでは、体《てい》よく使われて、新しい人材にとって替えられるのも、容易に想像がつきます。

年齢を重ねたゼネラリストなら、なおさら使いづらいと敬遠され、再就職も厳しい。起業するにも、会社で守られてきた人たちが、成功するのには、謙虚な努力が必要になるでしょう。

もちろん、なかには、バリバリのスーパーゼネラリストとして、ヘッドハンティングされ続け、雇われ社長や会社顧問として、能力を発揮している人もいるにはいます。が、そんな有能なゼネラリストは、ほんの一握り……と厳しいことを書いているのも、幸せとはかけ離れた、たいへんな思いをしているゼネラリストたちが、社会にたくさんいるからです、とくに男性に。

かつての社会は、農民、職工、商人……といったスペシャリストばかりでした。サラリーマンというようなゼネラリストが主流になってきたのは、おもに昭和の時代になってから。

そして、これから女性や高齢者の労働人口が増える社会は、かつてとは違うかたちのスペシャリストが増えてくるのではないかと思っています。

社会を渡り歩いていくなら、あれもこれもやろうとするのではなく、「この分野ならお任せください」という専門性を軸にもち、一目置かれる〝スペシャリスト〟の存在になることが求められているのです。

〝スペシャリスト〟というと、ものすごく高度なスキルがあるというようで、ハードルが高そうですが、そうではありません。高い低いという〝上下〟の分業ではなく、さまざまな役割で分業する〝横〟の分業。「人と違う役割をもっていること」、つまり、その道のプロということです。

社会は、複雑な分業によって成り立っているのですから、自分の〝スペシャル〟な価値を見つけるのは可能なはずです。

仕事も商店を経営しているようなもの。なんでも売っているような小売店では、コンビニや量販店が近くにできたら死活問題ですが、「ワインのことならお任せください」といったその道に精通したニッチな専門店は、生き残っていくものです。

ただし、ひとつだけを極めればいいというのではなく、それに付随したいくつかの専門性があることが、差別化を図り、リスクを回避してくれます。ワインの専門店であれば、それに合うチーズを売っていたり、ソムリエがワインをセレクトしてくれたりするような。

どこまでも専門性を極め、それに関連するプラスαの専門性、または、サブになる専門分野をもっていることが、自分にしかできない仕事をつくり、希少価値をつくります。

軸になる仕事があれば、「これもやってみない？」とほかの仕事を頼まれたり、自分で必要性を感じたりして、芋づる式に複数の専門分野が増えていくものです。

たとえば、私は着物の着付けの仕事をしていたことから、結婚式で着付け兼ブライダルコーディネーターをするようになりました。

そこからブライダル写真を撮るようになり、独立。写真が撮れたことから新聞社に就職したことは先に書いた通りですが、そこで取材、執筆、編集などの仕事を覚えることができました。

ここ10年ほどは、執筆の傍《かたわ》ら、大学の講師や講演、内閣官房での委員などもしていますが、あくまでも本業は「文筆家・写真家」であり、名刺にもそれ以外のことは書いていません。

ほかのものは、本業といえるレベルではないこともありますが、あれこれやって軸がぶれてしまうと、本業が手薄になってしまうからです。

ただ、ほかのこともやってきたからこそ、本業にも別な視点が加わり、仕事に厚みが出てきたと思うのです。雑誌編集などの仕事をしてきたおかげで、編集者の気持ちを先読みできたり、大学の講師をしてきたおかげで、わかりやすく伝えることを学んだり、そこで仕入れた情報をネタにさせてもらったり。

よく名刺にたくさんの肩書きを書いている人がいますが、その気持ちはわからなくはありません。どこかに引っかかれば、人とつながったり、仕事が増えたりすることもあります。

しかし、「あれもこれもやっています」というのは、どれも中途半端だと思われても仕方ないでしょう。

実際、いろいろなことを自分でやろうとすると、どこかで素人っぽさが出てきます。あくまでも、スペシャリストの軸は軸としてもっておく必要があります。

それが「ひとつのことをやり続けている」という〝信用〟になるからです。

プロデューサーとして有能なある著名人は、肩書きとしては、「作詞家」または「放送作家」としていると聞きました。エッセイスト、映画監督、脚本、ゲーム企画など、数多くの仕事をやっていて、すばらしい実績があったとしても、軸は「作詞家・放送作家」というのは、「これだけは続けてきました」「これからも、これだけは続けていきます」という意志表示にも感じられます。

「スペシャリスト」というのは、〝職人〟にも似ています。自分の仕事に誇りをもって、安易に妥協せず、とことんいい仕事を提供しようとする職人魂をもった人。

こうした職人の心意気は、たとえほかの仕事をしたとしても生きてきます。

ひとつの軸をもち、それに肉付けした仕事をしていく新しいかたちのスペシャリストは、仕事の柔軟性をもち、現代を生き抜くスタイルになっていくでしょう。

貧困と孤独の不安が消えるポイント

14

専門分野の軸に肉付けしていき、仕事の柔軟性をもたせる

15 その専門性は、10年後にも使えるか？

スペシャリストとしての知識やスキルを磨いていくのに、「未来にニーズがあるのか」というのは、とても重要なポイントです。

30年ほど前、英文や和文のタイプライターの専門学校があったそうですが、いまはコンピューターに変わり、タイプライターを使う人は、ほとんどいないでしょう。コンピューターのプログラミング言語も、せっかく習得しても、なくなっていく言語が多いと聞きます。時間と労力をかけても、使いものにならなければ、もったいないことです。

10年ほど前までは、写真の仕事も需要が多く、カメラマンの日給は、数十万円になることもありました。しかし、現在は、性能のいいデジタルカメラが普及したことから、雑誌編集者やライターが担当することが多くなり、多くのカメラマンが廃業していきました。

出版不況でコストカットされたことも大きな要因でしょう。

電気メーカーの工場は、地方から国外に移り、失業者が大量に出ました。これも時代の流れというものですが、「この仕事は、将来的になくなっていくだろう」という予測は、入社した時点ではできなかったでしょう。

社会の変化に目を向けると、将来、ニーズが高まりそうな分野もわかります。

たとえば、高齢化社会の到来で、介護や健康関連の需要は続くでしょう。高齢者が支えていた農業は担《にな》い手不足になり、国産の食料分野は空洞になりそうです。

また、家族や地域のつながりが希薄になったことから、生活支援、社会教育、文化活動、自然保護などを民間で補うコミュニティ・ビジネス、働き方が多様になったことからコーチングやキャリアコンサルの需要も増えてくるでしょう。

ここに挙げたのは、ほんの一部ですが、あらゆる人が先見性をもって、社会を観察し、創造性を発揮する時代。その分野で働くだけでなく、自分の専門性の軸をもって「なにか役立てることはないか」と組み合わせを考えると、新しい仕事を生み出すヒントになるはずです。

とはいえ、一方で私は、「人と反対の方向」にもチャンスはあると考えています。みんなが行こうとする方向は、供給過多になる可能性が高いからです。

国際化社会では、だれもが英語が必要だと習得を試みますが、英語ができる人は山のようにいるでしょう。ニッチな言語を習得したほうが、重宝されることが多いものです。たとえば、ヘブライ語を話せるようになれば、ユダヤ人社会やイスラエルとつながり、なんらかの役割が出てくるかもしれません。

知人の人気イラストレーターは、かつて東京の青山にオフィスを構えてしましたが、「自分ならではの視点をもちたい」と、地方に移り住みました。現在は、農村の懐かしい風景を取り入れた独自の作品を発表したり、地域のイベントポスターや包装紙のデザインなどを制作したりして、その地域にはなくてはならない存在になっています。

伝統工芸や郷土文化など、なくなっていくものに目を向けるのも、お金には換えられない価値があるでしょう。「これは大切にしたい」という情熱があれば、自然に役割が生まれてきます。

海外で修業を積み、舞台衣装などを手がけていたファッション・デザイナーは、京都の芸舞妓に魅せられ、その文化を海外に発信しています。

照明作家で、地方に伝わる竹細工や漆《うるし》塗りを使った照明をつくっている人もいます。

私は、デジタル写真が主流になってきたころ、ほとんどの仕事ではデジタルカメラを使うものの、一方ではあえてフィルムのカメラを使い、現像からプリントまで、手焼きする作業を始めました。個展を開いたとき、モノクロの大判プリントは、「味があって、インテリアになる」と買ってもらったり、新しく撮影の依頼をいただいたり。手焼き写真は、ほかにやっている人がいなかったことから、地方都市では独占市場の状態でした。

視点を変えるだけでも、スペシャリストになるヒントは見つけられます。未来を見る視点、人とちがう視点をもつことが、「自分にしかない価値」を生み出すのです。

貧困と孤独の不安が消えるポイント

15

「未来を見る視点」「反対方向を見る視点」をもつ

16 希少価値のある専門性を身につける

独自の仕事をしていくためには、だれもが簡単に真似できないようなものであることが重要です。人が簡単に真似できるものであれば、プロとしての価値はない、とまではいいませんが、低い価値になっても当然でしょう。

プロ意識をもっている人は、人が真似できる境界線をわかっているものです。

料理人のなかには、太っ腹にもレシピをどんどん公開してくれる人がいて、「レシピがあっても、だれも自分と同じようには作れないから」と言います。

自分のスキルに、絶対的な自信があるからです。

ある尊敬する写真家は、妻が亡くなったときに、ドキュメンタリーのように写真を撮りました。写真一枚でいえば、「だれが撮っても、そう変わらない」と言われそうですが、たしかに、その瞬間を信念をもって撮ることは「だれにも真似できないもの」なのです。
仕事を、だれにも真似できない価値あるものにするには、つぎの3つの方法があります。

【だれにも真似できない仕事にする方法】
（1）ひとつのことをとことん極める
（2）プラスαの付加価値を加える
（3）もともと自分にある持ち味を加える

先日、テレビ番組で、野菜の生き字引のような八百屋のご主人を追いかけていました。野菜の目利《めき》きとしては、おそらく日本のトップ。めずらしい国産野菜や、こだわりをもって生産された有機野菜などを店頭に並べ、お客から「この店の野菜は、ぜったいにハズレがない」と信頼が厚い。生産農家を直接訪ね、毎朝、市場を歩いて質の高い野菜を探しまわり、お客に料理の仕方をていねいに教え……と、「みんなにおいしい野菜を食べさせたい」と長年もち続けてきた情熱は気高いものがあります。

ご主人が跡継ぎの息子に言っていたのは、「ただの八百屋になるな」。

そこには、自分の仕事への誇りが感じられます。

「この道で一流になる」という高い志をもち、ひとつのことを極めていけば、だれにも真似できない仕事をつくり出すことができるのです。

また、プラスαの付加価値を加えて、仕事を真似できないものにすることもできます。

香港在住のある日本女性は、かつらメーカーにいたときに、美容師免許を取得。その後、フランスのアロマオイルに惚れこんで、現地でフェイシャルエステ、ボディマッサージのスキルをつぎつぎに身につけて独立。「髪&頭皮」「フェイシャル」「ボディ」……と3つのケアができるサロンを開きました。現在は、海外にも顧客をもち、数か月の予約待ちの状態。「これもできるようになりたい」と、専門技術を広げていったことで、彼女しかできないスペシャリストとしての仕事が可能になったのです。

自分にある持ち味を加えることで、希少価値を生み出すこともできます。

同時通訳者の友人が最近始めたビジネスが、インターネット配信による英会話レッスンのプログラム。英会話レッスンは山ほどあるものですが、彼女は瞬時に言葉に反応する同時通訳者としての経験を生かして、英会話を習得する方法を編《あ》み出したのでした。

ちなみに、マーケティングやネット配信などは、すべてその道のプロフェッショナルに依頼しているとか。

多くの人は経費がかかるため、なんとか自分、または自社でやろうとしますが、それではクオリティが下がってしまうのは必然。

「成功するためには、苦手なところはプロに任せて、自分の役割に集中する」が彼女の持論。価値の高い仕事を提供するには、ほかのプロフェッショナルとつながることもひとつの方法です。

障がい者であり、ウェブ制作などをやっている若い社長の新しく始めたビジネスは、職場に通えない障がい者たちとチームをつくり、インターネットカウンセリングをすること。顧客は、障がい者やその家族たちで、生活や仕事で突き当たる悩みを、テレビ電話のように聞いていくのです。

カウンセラーたちは、自分の経験も踏まえて親身になってアドバイス。大手企業で働く数十人の障がい者たちのカウンセリングをするという大きな商談も獲得しました。

すべての人が〝価値あるスペシャリスト〟になれる時代です。

どんな仕事であっても、「なにが人をよろこばせるのか」と、仕事の本質を理解しているところに、プロとしての希少価値が出てくるのかもしれません。

技術が進化し、情報が溢れている昨今では、プロとアマチュアの違いは、だんだんボーダーレス化し、それらしいことをしてみれば、格好がつきそうなことも多いものです。

だからこそ、だれにも真似できない本物のプロフェッショナルは、価値が高く、絶対的な安定感があるのです。

貧困と孤独の不安が消えるポイント

16

だれにも真似できない仕事に仕上げる

17

自分軸をもちながら、さまざまな専門分野の人とつながる

専門性をもった人たちが、変化の激しい時代を生き抜くためには、自分の専門分野を深めながら、人とつながっていくことが必要です。

現代は、仕事の内容も複雑化していて、どこにニーズがあるか未知数。だから、さまざまな人との関係から、ひょっこり仕事が生まれてくることがあるのです。

企業研修の講師をやっている友人がいます。おもに話し方、ファッション、マナーの研修をしていますが、結婚相談所の方とつながったことから、婚活をしている男女を対象に、個人的なファッションアドバイザーをすることになりました。ときには、服を買うためのショッピングに同行することもあり、これが好評なのだとか。

また、自宅で服のリサイクルショップを開いている友人がいました。彼女はブランドに

詳しく、目利きの才能があるため、安心して人が買いにくるのです。

「もっとお客様によろこんでほしい」という気持ちから、週に一回、スタイリストに来てもらい、服の上下に靴、バッグ、帽子などのトータルコーディネートをつぎつぎにSNSでアップしていったところ、まとめ買いする人が多くなり、売り上げが倍増。また、和服の商品が集まってきたことからお客様を対象とした着付け教室を開講したり、アクセサリー作家の展示販売会をしたり。さまざまな専門家のブレーンを巻きこむことで、仕事のスケールは大きくなり、さらに価値あるサービスを提供できているのです。

このように、自分軸をもちながら、異業種の人や、近い業種の人とつながることで、すべての人がwin-winになれるビジネスをつくることができます。


同業者とつながることもあります。

知人の女医は、十数年前から、地域の女性医師を束《たば》ねる組織をつくっています。

自分の専門分野外のことでアドバイスし合ったり、女医ならではの問題をみんなで解決したり、情報交換をしたり……。

どれだけ専門的な知識や技術があっても、ひとりの力は限られています。組織としてつながることで、さらにいい仕事を生み出していこうというものです。

志の高いスペシャリストたちとつながることは、刺激があるものです。

人とのつながりは、先輩などから教えを請うための教育的システムになり、また、危険を察知するためのリスクヘッジにもなります。

現代社会で必要とされているのは、自分の専門分野を極めながら、互いにサポートし合える人的ネットワークを築いていくことです。

ただし、つながりが大事だからといって、たくさんの人と知り合いになるだけでは、あまり意味がありません。

異業種交流会などに出かけて名刺を交換したり、SNSで多くの人とつながったりするだけでは、出会いのきっかけになっても、仕事ではあまり有効ではないでしょう。

大切なのは、〝信頼〟できる相手とつながること。

信頼というのは、一朝一夕には築かれないものです。友人関係のように、ただ仲が良いというだけでも築かれません。

いっしょに仕事をしたり、人間性をわかったりするなかで、

「この人とは同じ方向を見て、いい仕事ができる」

と感じられる人が、自然に〝仲間〟になっていきます。

異業種の人であろうと、同業種の人であろうと、仕事に対して同じような精神レベルをもった人たちとつながっていくものです。

自分の専門分野をとことん追求していくことが、優れたスペシャリストとつながり、さらにいい仕事を生み出していく土台になるのです。

貧困と孤独の不安が消えるポイント

17

自分の専門分野を極めて、
高い志をもったスペシャリストとつながる

18

働き方をシフトできるかを見極めるには……

「やりたいことがあるけれど、自分にできるかどうか不安」という人は多いものです。

「仕事を変えたいけど、いまの仕事をいきなり辞めるのは怖い」という人もいます。

そんな人は、いまの状態から、少しずつアクションを起こしていくことをお勧めします。

「自分になにができるか」はやってみないことにはわからない。

「才能があるか？」ということだけでなく、「需要はあるのか？」「理想と現実のギャップはないのか？」などの問題を解決して、働き方の変化を成功に導くためにも。

先の見透しがないまま、働き方を変えようとしても、うまくいかないでしょう。働き方をシフトしていくには、〝移行期〟が必要なのです。

その移行期には、つぎの３つの方法を実行してみてください。

【働き方の移行期にするべきこと】

（1）ちいさなことから試す

（2）すでに実現している人に会いにいく

（3）メンターの意見を聞く

まずは、いきなり実行するのではなく、ちいさなことから試してみましょう。

ある知人は、作家になりたかったものの、どうすればいいかわからない。そこで、まずは、新聞に投稿したり、ブログにエッセイを書いたりして、少しずつ発表していきました。それが雑誌編集者の目に留まり、本を出していくことにつながったのです。

また、カフェを開きたかったある女性は、近所のカフェで、仕事帰りと休日にアルバイトをしていました。1年間、働いたところで、念願のカフェをオープン。実際にアルバイトとして働いてみて、収益を上げることのたいへんさを実感したものの、「それでもやりたい！」と情熱は変わらなかったとか。

反対に、働いてはみたけれど、「単なるあこがれだということがわかった」という人もいます。

それはそれでいいのです。「自分のできないこと」を知ることも、ひとつの人生の学び。幸せな働き方にシフトするためには、「実現可能なのか?」ということだけでなく、**「自分はやっていて楽しいのか?」を確かめることも重要なポイントでしょう。**


つぎに、自分のやりたいことを、すでに実現している人に会いにいきましょう。

昨今はインターネットなどで求める人を見つけ出すこともできます。雑誌や本、テレビなどで出逢うことや、知人の伝手を使ってつながることもできるでしょう。

実際に経験している人の話は、説得力のあるものです。

20年ほど前、遠方で銀行員をしていた従姉妹《いとこ》が、看護師の母を訪ねてきたことがありました。看護師になりたいというのです。

すでに銀行員として5年間働いていたので、母はびっくりしていましたが、

「たいへんな仕事だよ。夜勤もあって体力勝負。でも、やり甲斐はあるし、長く働ける。

私はこの仕事が好きよ」

というようなことを言っていました。

そして、従姉妹は看護学校にいくことを決心。現在は、結婚して3人の子どもを育てながら、看護師として働いています。

あとから聞いた話ですが、従姉妹の夫は、銀行員時代からつき合っていた人。彼が家業を手伝うことになって実家に戻ったため、従姉妹は、その地で働くためもあり、看護師を目指したのでした。

働き方をシフトする期間は数年かかったものの、いまは幸せに暮らしているようです。

3つ目の方法は、信頼できるメンターの意見を聞くことです。

メンターとは、仕事や人生において助言をしてくれる人。長きに渡って見守ってくれる人がいるのは心強いもの。かつては、メンターの役割を、地域の長老や、頼りになる親戚、長年つき合いのある教師などが担《にな》っていましたが、現在は、そんな関係性が乏しくなってきました。

「この人にメンターになってほしい」という尊敬する人に積極的にアプローチして、関係性を築いておくことです。

自分の才能や性質は、自分では見えにくいもの。他人から客観的に見て、「その仕事は向いているかもしれないね」「でも、こんなときはどうするんだ?」などと、あれこれアドバイスしてくれるのは、ありがたい。厳しい意見ほど、重要な判断材料になるものです。

とくに年齢を重ねると、ハッキリと言ってくれる人は少なくなります。

「ちょっと、それは違うんじゃない?」と指摘してくれる人は、貴重な存在です。

ただし、意見は聞いても、最後に決めるのは自分です。

働き方を変えていくには、ある程度、時間が要りますが、やりたいことへの挑戦なのですから、そんな期間も楽しんでしまいましょう。

人生はすべてが実験。実験は多いほどいいのです。

貧困と孤独の不安が消えるポイント

18 まず、ちいさい実験から始めてみる

19

自分軸を移しながら進化していく

これまで、自分の専門分野を軸としてもつことが、スペシャリストの道の出発点とお伝えしてきました。

もちろん、一生、自分の専門分野を極めていく人もいますが、なかには「軸足を移す」ということも起こりえるものです。

軸となる専門分野を越えていくのも大いに結構。高校教員の友人の話によると、公務員の立場を捨てて転職する人も一定数はいるとか。パン屋を開業した人、ヨガスクールを始めた人もいるといいます。

彼女たちは、もともと好きだったことを仕事にしていった人たち。経済的な安定よりも、精神的な豊かさを求める人が、それだけいるということでしょう。

人生は一度きりなのですから、守りに入るのではなく、自分の理想とする働き方を実現するのは、それだけで幸せなことです。

ライター仲間にも、料理が好きだったことから、古民家カフェを開き、その後、地方で古民家民宿を経営するようになった女性がいます。

古民家カフェは、古民家が取り壊されるまでの2年限定でしたが、そこで、客商売を学んだのち、外国人も泊まれ、朝食の美味しい民宿を目指して、語学留学したり、野菜づくりを学んだりして、民宿をオープンさせたのでした。

彼女の成功の要因は、つぎの転身をする前に、着々と準備をしていったことでしょう。

私も、数えきれないほど、軸足を移してきました。

やり続けている執筆と写真以外は、すべて中途半端に終わっていますが、ただいえるのは、これまでのどの仕事が抜けても、いまの場所には、たどり着いていなかった、ということ。

ひとつひとつの仕事があったからこそ、つぎの仕事につながり、その経験が、なにかに生かされてきました。なにひとつ無駄なものはないと思うのです。

ときどき、子育て中の専業主婦で、「仕事をいつか始めなきゃいけないと思って、資格を取ってみたり、あれこれ勉強しに行ってみたりするけれど、どれも中途半端で……」というようなことをいう人がいます。

でも、「子育て」もひとつの自分軸。軸をしっかりもちつつ、思いっきり楽しむのもいいでしょう。

その期間は、「自分になにができるのか？」、自分の人生と世の中にじっくりと向き合い、つぎの働き方に移行していくチャンスの時期でもあります。

焦らず、着実につぎの準備をしていけば、子育ての期間も、人生のすばらしい一コマになるはずです。

人生は、求めれば、いくらでもつぎのステージが用意されるのですから。

さて、第3章では、幸せなスペシャリストになる道を述べてきましたが、簡単にまとめます。

【幸せなスペシャリストへの道】

（1）心から好きな仕事を選ぶ

（2）専門分野の軸に肉付けして、仕事の柔軟性をもたせる

（3）未来に価値を生み出す専門分野（軸）を選ぶ

（4）だれにも真似できない仕事に仕上げる

①ひとつのことをとことん極める

②プラスαの付加価値を加える

③もともと自分にある持ち味を加える

（5）自分軸をもちながら、さまざまな専門分野の人とつながる

（6）「働き方をシフトできるか？」を見極める

①ちいさいことから始める

②　先人に会いにいく

③　メンターの意見を聞く

(7) 自分軸を移しながら進化していく

幸せな働き方にシフトしていくために、自分にしかできない戦略を、楽しみながら練っていってください。

貧困と孤独の不安が消えるポイント

19

働き方のシフトを成功させるには、戦略と準備が肝心

第4章
貧困にならない生き方
もっと稼げる自分になるには

20

すべての人が商売人になる時代がやってきた

「すべての人が商売人になる時代がやってきた」と感じています。

〝商売人〟というと、ものを押しつけてでも買ってもらうイメージがありますが、そうではありません。

ここでいう商売人とは、市場感覚をもち、きちんとした商売で稼いでいく「求められる仕事人」のこと。**幸せな働き方を実現していくためには、あらゆる人が、「求められる商売人」になる必要性がでてきたのです。**

これまでの社会は、「働く」といえば、雇《やと》われることでした。「雇われて、お金を得る」という時代が長かったために、私たちには深く、そして一般的にこのマインドが定着しています。

ここに行き詰りの原因があります。

女性が子どもをもったり、高齢になったりしたときにしたときに、その境遇をハンデと考え、「選択肢がない」となってしまうのです。

女性の能力をうまく活用できていない組織は、まだまだ多くあります。

「女性は、結婚して、子どもを産むと仕事を辞める」「女性は、男性の補助的な役割」「収入は少なくても当然」といった価値観は根強く、それをすべての女性に一辺倒に当てはめようとします。

もしくは、「働くなら男性と同じように、ずっとめいっぱい働いてくれ」という極端な働き方を求めます。だから、いい仕事や豊かな生活が実現できなくても当然。有能な女性たちがくすぶり、自己肯定感が低くなり、最終的には、「こんなものか」とあきらめることになってしまいます。

結果、ひとつの職場でひたすら長く働こうとするために、人間関係がおもなテーマになり、そこで行き詰ることも多々あります。

「働くこと＝雇われ続けること」という前提があるからです。

しかし、定年まで勤め上げるというシステムは大きく揺らいでいます。寿命が長くなり、60歳以降は働かなくてもいいという環境も崩れています。

そんな状況を生き抜いていくには、商売人の感覚をもつことが重要なポイント。私たちにいま必要とされているのは、〝職人〟であり、〝商売人〟であることなのです。

会社に勤めていても〝ひとり商売〟をしている感覚は必要です。

取引相手が、組織であれ、個人であれ、「どこに自分のできることがあるのか？」を考えて仕事を提供していくことは、すべての人に求められています。

ここまで読んで、あなたはいま、「うわっ、商売人になるって大変そう」と思っているのではないでしょうか？

その気持ちは、わからなくはありません。

私も20代のころは、なにかの組織に雇われることで生きてきました。

最初は、「雇われずに働く」ということに、たいへん抵抗があります。毎月、決まった日に振りこまれていた一定の給与が絶たれることを、恐怖にさえ感じるほど。

組織から外に出るのは、まるで動物園で飼われていたライオンが、「あとは自分で食べていってね」と、野生のサバンナにぽーんと放り出されたようなもの。守ってくれる人もいないし、餌を与えてくれる人もいない。怖くてたまらず、縮こまってしまい、「雇われたほうがずっとラク」「どこでもいいから雇ってくれ」という気持ちになるのも理解できます。

しかし、これは、乱暴ないい方をすると、〝慣れ〟で解決します。

だれもが、本来は、野生で生きていく力をもっているものです。

第3章に書いたように、飼い馴らされていた環境から、稼ぐための力をつける〝移行期〟を経《へ》て、だんだん自分の身を自分で守り、自分で餌をとる力もついてきます。

最初は、どこかに雇われながら徐々に力をつけ、自信ができたところで、転職したり、起業したりして伸び伸びと生きていく道もあるでしょう。

ダブルワークなどである程度、需要が見込める状態を確保してから、外の世界に出る道もあるかもしれません。

リスクを覚悟で、ちいさなところからコツコツと商売を広げていく道をあります。

ただ、この移行期は、どんな人でもいくらか抵抗があることを覚えておいてください。

こうした生き抜く知恵というのは、人間にとってもいちばん大切なことなのに、意外に学んでいません。自分で積極的に身につけていくしか、方法はないのです。

組織のなかでも、外でも、生きる知恵を学ぶ材料はあふれています。

「なにを必要とされているのか？」

「自分はなにで貢献できるのか？」

そこに意識して目を向けるだけでも、野生で生きる感覚は、研《と》ぎ澄まされてくるはずです。


自分の足で生きる力を身につけたら、生きることは、逆にずっとラクになります。

組織で働いている人の多くは、「定年になったら、もう働きたくない」といいます。

たしかに、組織のルールに従い、雇われている働き方では、もううんざりだと思うでしょう。

しかし、「働きたいから働いている」という積極的な感覚になれば、まったく違うはずです。

私は、できることなら、死ぬまで働いていたいと思っていますが、それは、やりたいことを自分のペースでやっているからです。働くことそのものによろこびがあり、大きなストレスがないために、「ずっと続けていきたい」のです。

もちろん仕事ですから、いいことばかりではなく、うまくいかないことも多々ありますが、夢中になってやっていれば、次第に「やらずにいられない」と感覚になっています。

「職人+商売人」になることで得られるもっとも大きな恩恵は、自由の裁量が増えて、自分らしく生きられることなのです。

「好きなことができる人なんて一握り」と思っていませんか?

そう片づけてしまうのは、これまでの価値観にマインドセットされているということ。社会が大きな変革を遂げようとしているいま、私たちも新しい価値観にシフトしていく必要があります。

繰り返しますが、それには、商売人的な市場感覚を、積極的に身につけることが必須。社会環境の変化や制度が変わるのを待っていても、大きな期待はできないでしょう。

どんな人にも、時間をかけて戦略を練っていけば、自分のやりたいことを実現する道は、かならずあります。

まずは、「稼ぐこと」について真剣に考えることから。

雇われる働き方から、積極的に社会と関わっていく生き方を目指して、足を進めていきませんか？

貧困と孤独の不安が消えるポイント

20

「職人＋商売人」になっていく

21 お金があることより、仕事があることが大事

ここで、「商売」ということについて、もう一度、考えてみましょう。

商売とは、自分のもっている資源をなにかの価値と交換していくことです。

現代は、さまざまな物やサービスへの交換が可能な「お金」という便利なものがあり、その価値観はたいへん重要視されてきました。

しかし、私のいう「稼ぐ」ということは、働いてお金を得ることだけではなく、精神的な恩恵も含めて、自分にとって価値ある利益を得ていくことです。

それは、人それぞれ違うでしょう。

海外に行くと、働いている人たちの「稼ぐ」という意識がたいへん強いことに圧倒されます。

たとえば、世界中には、フィリピン人のメイドさんがいて、働くために独学で言語を覚えたり、その土地の料理を覚えたりすることを必死でやり、歌いながら生き生きと働いています（フィリピン人のメイドさんは、お国柄なのか、よく楽しそうに歌っています）。

1日24時間態勢で、あまり休みのない仕事でもやり切れているのは、彼女たちは、仕事の内容よりも、「家族に送金するために、1ドルでも多くのお金を稼ぐ」という確固たる目的があり、そこに大きなよろこびを感じているからです。

私たちはどうでしょう？

大量消費をする時代が分岐点《ぶんきてん》を過ぎた現代では、お金に換わる新しい報酬を求めるようになっているのではないでしょうか。

知的障がい者施設で働いている女性は、こんなことを言っていました。

「お給料は少ないけれど、なんとか暮らしていけます。私は、この職場がほんとうに好きなんです。障がい者の人たちの伸び伸びとした創造力に触れて、毎日が感動の連続です」

彼女は、お金よりも、自分にとって価値があるものをわかっているのです。

建設会社で働く男性は、週末に自宅でだれもがびっくりする、すばらしいコース料理を提供し、その収入をすべて、ネパール地震の被災者に寄付しています。

ワインや食材費、手間賃を差し引くことなく、売り上げはすぐにその場で送金。その行動は、多くの人に影響を与えています。彼もまた、自分にとって価値あるものをわかっている一人でしょう。

すぐれた〝商売人〟になるには、目に見えない報酬の価値をわかっておく必要があります。見えないところにこそ、大きな恩恵が潜んでいるのですから。

働くことで得られる利益は、おもにつぎのようなものがあります。

【働くことで得られる利益】

＊収入

＊社会的な信頼や自己実現

＊学びを得て、つぎの仕事に生かせること

＊価値ある経験、生き甲斐など精神的な豊かさ

＊人とのつながりをもつこと
＊人のために貢献している実感

もちろん、「収入」の価値を無視しているわけではありません。自分に知識やスキルがなくて経済的な貧困に陥ってしまう場合は、まずはお金を目的に働く必要があります。「自分の理想を叶えるためには、これだけのお金が必要」というのなら、それを意識して、稼いでいくこともあるでしょう。

また、稼ぎ続けるためには、「社会的な信頼」こそ、重要な資源です。

「いい仕事をしてくれる」という信頼だけでなく、「○○会社で何年働いている」という経歴や、「こんなことをやってきた」という実績も、ひとつの信頼になります。

「この人に任せたら安心」という社会的な信頼を得ることができたら、どこでも生きていけるといっても過言ではないでしょう。

学びを得られる仕事をすることも、仕事の価値、仕事人としての価値を高めていくことにつながります。20代30代の時期、また、仕事力がついていない時期は、収入は少なくても、この価値を得ることに重きを置く必要があります。

私は、新聞社で働いて、伝えることに関するスキルを学びましたが、いちばんは、「ものごとの本質を見ようとする視点」だったかもしれません。

当時の上司の多角的に情報を判断し、「事実を正確にとらえようとする目」は、私にとって大きな学びでした。その視点を学習できたから、週刊誌の記事や、本を書くことにつながっていったのです。

すぐれた仕事人から、そのスキルや精神を学ぶことは、つぎの稼ぎ力になっていきます。

話を戻します。人はある程度、経済的な満足があるレベルに達すると、つぎは、精神的な満足を求めるようになります。意義のある仕事をすることや、働くことそのものによろこびを感じることに、価値を置くようになります。

また、働くことで、社会や個人とつながっていくことも、大切な利益です。

人との接点があることは、孤独から解放し、安心感をもたらしてくれるだけでなく、情報やチャンス、新しい仕事など、さまざまな恩恵を与えてくれます。

人や社会のために貢献しているという実感は、人生を豊かにしてくれるはずです。

すでにおわかりでしょう。

豊かに生きるためには、お金があればいいというのではありません。

コンスタントにお金と精神的な満足が得られる仕組み、つまり仕事をもち、それを継続していくこと。働くこと、働き続けることが大切なのです。

先に書いたとおり、仕事をもつことは、枯れない〝油田〟をもっているようなもの。お金で買える満足には限りがあり、しかも、使えばなくなります。夢中になる仕事があれば、充実感や幸福感があふれ出し、それは絶えることがありません。

重要なのは、自分にとってなにが大切な報酬なのかをわかっていること。そして、自分のなかに利益を蓄え、つぎなる価値へと換え続けていくこと。それが、生きていく〝商売〟であり、自分の資源を豊かに増やしていくことだと思うのです。

貧困と孤独の不安が消えるポイント

21

経済的な利益から、精神的な利益に価値を移していく

22

「求める場所」より「求められる場所」へ

「好きな仕事を選びましょう」とか、「なりたい自分を目指しましょう」というと、陥りやすいのが、「それじゃ、稼げないでしょ?」というジレンマです。

「好きな仕事なのか」「稼げる仕事なのか」というのは、若い世代でも、年齢を重ねた人でも悩んでしまうテーマですが、できれば早い段階で、この課題から卒業してほしいと思います。

私が強調したいのは、単にやりたいことをやるのではなく、「人に求められる」という絶対条件のもとで「やりたいことをやる」ということです。

単純に、やりたいことをやるのであれば、趣味と同じことでしょう?

それでは、お金をもらう価値はない。仕事ですから、人に求められなければ成り立たないのです。「やりたいこと」よりも「やれること」を優先的に考える必要があります。「興味のあることを仕事にしようと、あれこれやってはみるけれど、どれも続かない」という人は、「稼げないこと」が、中後半端に終わる原因になっているのではないでしょうか。

自分が期待する以上の恩恵があれば、仕事は楽しくなり、やり甲斐になり、続けていけるはずです。

「好きな仕事をやって幸せだから、収入は少なくてもＯＫ」と思える人ならいいのですが、それでも一定の収入がなければ、続けていくことはできないでしょう。

私は、「働けば働くほど、経済的にも精神的にも豊かになる」という働き方をしたかったので、「稼ぐこと」には、こだわってきました。

「自分がなにを提供できるのか」「どんな報酬があるのか」をとことん考えてきました。

……と書くと、なんだかいやらしく聞こえますが、収入云々には、さほど興味はありません。私にとっては、「もっと人をよろこばせられる」ということが、いちばんのよろこびであり、報酬なのです。それが最大のモチベーションでもあり、支えてくれている人たちへの感謝でもある、ともいっていいでしょう。

仕事というのは、恋愛にも似ています。最初の段階の恋であれば、片想いもあるでしょう。単純に「好き」という気持ちだけで夢中になれるものがあります。

しかし、関係を続けていくためには、相手に「好きになってもらうこと」も必要になってきます。

仕事においても、仕事に愛されることが大事。

それは、仕事との相性の問題もありますが、「相手によろこんでもらえること」によって、価値ある存在になり、恩恵を与えてもらえるのです。

最終的には〝恋〟ではなく、〝愛〟になっていくのかもしれません。

「相手がなにを欲しがっているのか？」をとことん考えて、自分のできることを提供することが愛。仕事に愛情をもち、仕事にも愛されるようになれば、力が溢れて、動かずにはいられなくなるでしょう。

「求められる仕事人」になるには、「人が求めていること」の延長線上で、「自分のできること」を提供していくことです。

私がなんとかひとり商売をできているのも、「自分が求める方向」よりも、「人が求めてくれる方向」を目指していったからだと思うのです。

自分から「これをやりたい」と言ったのはデビュー作を書いたときだけで、あとは、「これ、やってみる?」と声をかけられて、難しそうな課題でもやっているうちに、仕事はどんどん広がっていきました。

求められる方向には、たくさんのチャンスがあるものです。

与えられたひとつひとつの仕事をていねいに返して、相手を満足させることができれば、つぎは、もっと大きな仕事を与えてもらえます。

その場にとどまっていることはありません。求められる方向に行っていると、自分の行きたかった場所に、不思議とたどり着いているものです。

仕事で大きな力を発揮している人たちは、「夢中でやっているうちに、いつの間にか、ここにたどりついていた」といいますが、どんな仕事にも真剣に向き合ってきた結果なのでしょう。

「相手がなにを求めているのか？」を正確に読み取ること（市場マーケティング）、「自分はなにができるのか？」「なにができないのか？」という自分のなかの価値を知って提供し続けること（セルフマーケティング）が、稼いでいくためのシンプルな仕組みです。

それは、ちいさなことから実践できるものです。

会社のなかでも、人がやらないこと、嫌がることに目を向けて、やっていくこともできるでしょう。人が困っているところに、自分のできることがあるかもしれません。

人をよろこばせること、よろこばせ続けることが、稼いでいくことの根幹であり、幸せな働き方につながっていることを忘れないでください。

貧困と孤独の不安が消えるポイント

22

相手が求めるもの、自分ができることを考え続ける

23

貧困の不安には、稼ぎ力の構築で立ち向かう

私たちは、お金を生み出すことをもっと気軽に考えてもいいのではないかと思うのです。

自分のもつ〝資源〟と〝知恵〟を使って、稼ぐ方法は無限にあるのですから。

台湾留学していたとき、台湾の人たちのお金を自力で生み出そうとする精神には、感動したものです。古民家カフェ、セレクトショップ、唐揚げの屋台、民宿、自作のアクセサリーショップなど、生き生きと商売を楽しんでいる若者たちが、たいへん多いのです。

株に投資したり、ネットオークションで生活費を稼いだりする学生もいて、つねに「どんなふうにしたら儲かるのか？」を考えています。

貧困のシングルマザーから巨額の資産を築いた女性に、その方法を訊《たず》ねたことがありました。

「夕方、開店前のクラブやスナックに、ホステスさんがお店でつけるアクセサリーを売りに行ったらよろこばれたの。最初はイミテーションの宝石ばかりだったけど、そのうち、『本物をもってきて』って言われるようになった。ホステスさんのお客さんに買ってもらったりしてね。宝石の商売がうまくいって、不動産を買ったり、売ったり、人に貸したりしているうちに、資産が増えていったの」

50代の彼女はレストランも経営していて、いつ訪ねても、大きな帽子にハイヒールの、まるで女優のようないでたちで迎えてくれます。

「彼女が同じ服を着ているのは見たことがない」と評判があるほど、サービス精神たっぷり。いつも人の期待を裏切らない心意気が、商売繁盛のヒケツなのでしょう。

日本でも、3、40年ほど前は、野菜や服の行商をしたり、歌の流しをしたり、高架下《こうかした》で靴を磨いたり……と、生きていくために個人商売をしていたものですが、現代は、新しいかたちの小規模な商売が増えてきているようです。

週末だけ開く手作りアイスクリーム店、パーティなどの出張料理、自宅で開くヨガ教室、カフェなどで行う語学教室などなど。今後、大きなコストをかけずに、自分のできることを、自分の心地いい範囲でやっていく商売は、広まっていくのかもしれません。貧困の不安には、こうした商売人的な感覚を徐々に身につけることで、立ち向かっていけると思うのです。

商売を構築して、喰いっぱぐれないためには、大きく分けてつぎの3つの方法があります。

【喰いっぱぐれない自分になる方法】
（1）ひとつの専門分野をもちながら、複数のシナリオをもつ

自分の専門分野から、さまざまな商売を考えてみましょう。

革工芸のスキルだけで、息子3人と母親を養ってきた女性が、こんなことを言っていました。

「私は3つの顔をもっているの。ひとつは革工芸教室の先生。2つ目は、オーダーしてもらった商品をつくる職人。そして、3つ目は、自分の作りたいものを作るデザイナー。3

つの顔があったから、やってこられたのかもね」

どれも中途半端でないところがすばらしく、先生として短大に教えに行ったり、職人としてメーカーから受注したり、デザイナーとしては個展を開いて展示販売をしたりしています。

ひとつの専門性を極めていれば、複数のシナリオが描けるのです。

仕事を辞めたあと、つぎのステージに転身していくこともできます。編集者だった人が、自宅で文章の教室を開いたり、テレビ局などでスタイリストをしていた人が、個人のファッションアドバイザーになったり、看護師だった人が看護学校の教員になったり。

昨今は、カルチャースクールなどで、これまでの経歴をもとに、自分の専門分野を教えている人が増えていますが、「自分は10年後、どんな稼ぎ方ができるのか?」を意識するのも、稼ぎ力を構築するヒントになるかもしれません。

(2) 個人を相手にする、もうひとつの専門分野をもつ

いまの専門分野とは、まったく別のサブになる専門分野をもつことも、ひとつの方法。

会社で働いている人でも、ひとつは個人を相手にできる現金商売になるスキルをもっていれば、それが〝保険〟になります。雇ってくれる会社は限られていても、個人は限りないますから。

ある女性は、会社で経理の仕事をしながら、平日の夜や休日にネイリストをしています。役所で働きながら、「いつかは書道の先生になりたい」と、20年、書道を学び、数々の賞を取っている女性もいます。また、カラリストをやっている女性は、食べ歩きが趣味で、食分野に詳しかったことから、飲食店のアドバイスをしているうちに、フードコンサルタントの肩書をもつようになりました。

ふたつの専門分野をもつことで人脈が広がり、どちらの仕事も増えていったとか。「これでも食べていける」という分野がもうひとつあることは、たいへん心強いものです。

(3) 資産や物をフローする

専門分野がなにもないというときは、いま、自分がもっている資産を活用したり、物を流通したりして稼ぐ方法もあります。

まずは、自分のもっているものや、新たに仕入れたものをインターネットや、フリーマーケット、個人ショップなどで売る方法。ある女性は、日本の美容関連の商品をインターネットで、中国に売って大きな収益を上げています。リピーターが多く、流通、入金システムが確実であるため、お金を取りっぱぐれることもないのだとか。

また、少子高齢化が進む時代、一般人でも、不動産で稼ぐことが増えてくるでしょう。中古マンションをローンで買って賃貸にしたり、リノベーションして売ったり、自宅の階下をテナントにしたり、使っていない家をシェアハウスにしたり、部屋のひとつを旅行者に貸したり……と、さまざまな方法で不動産を始める人が増えています。ただし、リスクも大きいため、本格的にやろうと思ったら、不動産に関する知識をしっかり学ぶことは必須です。

私が幼かったころ、両親は、3DKのちいさな家の1部屋を下宿として貸し出していました。自動車修理工場で働く若い下宿人は、共働きの両親に代わって、よく面倒を見てくれました。

今後、子どもが独立して高齢で広い家に住んでいたり、おひとりさまで人との関係を築きたかったりする人も多くなるでしょう。不動産を運用することは、人とのつながりをつくっていくメリットもあるのかもしれません。

こうした「複数のシナリオ」「もうひとつの保険」「資産運用」は準備していて損はありません。

ひとつの仕事、働き方など、これまでの枠にとらわれず、横断的に仕事の内容やスタイルを変えていく柔軟性が求められています。ちいさなところから試し、実験を繰り返しながら、商売を学んでいくことをお勧めします。

貧困と孤独の不安が消えるポイント

23

「複数のシナリオ」「もうひとつの保険」「資産運用」を考えていく

24 稼ぎ続けるために、10年後を目指して学び続ける

「年とって仕事に困ったら、コンビニのバイトでも、掃除の仕事でもいいじゃない？ 仕事はなにかあるでしょう」とかなんとかいって、稼ぐためになにも準備しようとしない人がいます。

確かに、探せば、なにかしら仕事はあるかもしれません。

しかし、高齢になった人を雇ってくれる場所は限られています。コンビニのアルバイトや、掃除の仕事に使命感とやり甲斐をもてるなら、すばらしいことですが、もし、「ほかにできることがないから、仕方なくやっている」という気持ちなら、豊かな生活を送り、毎日を楽しむことはできなくなってしまうでしょう。

年齢を重ねてから「やれることがない」というのは、働いていくことへの放棄《ほうき》。「そう

なるまで、なにも考えてこなかったの?」と言われても、言い訳できない時代になっています。

豊かに働き続けるためには、学び続けることが必須。仕事の知識やスキルを学ぶだけではなく、社会の仕組みを学び、人間を学び、仕事には一見、関係のない教養を学ぶことからも、仕事に生きてくることも多いのです。

積極的に学ぼうとする人、まったく学ぼうとしない人は、年齢を重ねるごとに、大きなちがいが出てくる、といってもいいでしょう。知性や精神のあり方は、話題や振る舞い、顔の表情にまで出てきます。

どれだけ学んで、「どんな自分になるか」は、「どんな仕事をするか」「どんな生活をするか」「どんな人とつながるか」……人生のすべてのことにつながっていくのです。

「学ぶ」といっても、「なにをどう学んでいいかわからない」という人は、つぎのポイントを参考にしてください。

(1)「10年後の豊かな働き方」を目指して学ぶ

大人が学ぶのであれば、長期戦です。数か月後、1年後に結果を出したいと学んでも、大した学びは身につきませんし、大した稼ぎにもつながりません。浅い知識は、すぐに失われてしまいます。

簡単にできることよりも、難しいことにチャレンジしたほうがおもしろい。専門分野であれ、教養であれ、「10年後の豊かな働き方」を目指して、長期的に学んでいきましょう。「学びにどれだけの時間を費やしたか」が稼ぎ力になっていきます。

(2) あくまでも興味のあることを学ぶ

学び続けていくためには、あくまでも、わくわくするような興味のあることを学ぶことです。「これが仕事になるんじゃないか?」「これが儲かるんじゃないか?」と打算的に学んでも、どれも中途半端になり、なかなか継続ができません。仕事に直接的に結びつかない趣味の学びでも、それが人間力や教養を養ったり、人の信頼を築いたりして、仕事にも生活にもいい影響を及ぼすものです。

（3）「仕事」「生活」「遊び」「学び」をいっしょに考えて学ぶ

豊かな人生を送ろうと思ったら、これからは、「仕事」「生活」「遊び」「学び」を切り離して考えるのではなく、「いっしょに豊かにしていくこと」を考えていったほうがいいでしょう。

「学び」というのは、本を読んだり、資格を取ったりすることだけではなく、仕事、生活、遊びのなかから学ぶことが多いもの。読書や映画や芸術、旅なども感性を磨きます。自分を成長させていくことを目的に、ありとあらゆることから学んでいきましょう。

（4）「人のため」に学ぶ

学びは自分のためのものでもありますが、大人の学びは、「人のために役立てるか？」がポイント。自分が学ぶことで、人のためになることを発見できたら、学ぶことはいくらでもあるし、どこまでも学び続けていけるでしょう。学んだことを、なにかに役立てたり、人に教えたり……と、アウトプットしていくことで、さらに学びは定着していきます。

（5）新しい経験、人との出会いから学ぶ

これまでにない経験をすることは、世界を広げ、想像力を広げます。考えもしなかったアイデアが出てきたり、不可能だと思っていたことを可能だと思えるようになります。

また、さまざまな人と接することで、「こんな人がいるんだ」「これは真似したい」と、多くのことを学んでいきます。そんな日々の感動体験は、学びとともに、豊かな生活、豊かな人生にもつながっていきます。

学びを得ていくことは、本来、楽しくてたまらないもの。そして、人生の最高のよろこびのひとつといってもいいでしょう。

学びは力。学ぶことに積極的になれば、自分の人生に向き合うことに積極的になり、貧困や孤独など、さまざまな問題も、積極的に解決していけると思うのです。

貧困と孤独の不安が消えるポイント

24

仕事と生活、遊びと学びを、別のものとして考えない

第5章

お金の使い方

女が豊かに暮らしていくということ

25

貧困なのは、なにかが間違っているから

〝貧困〟というテーマが、巷《ちまた》でクローズアップされてきたのは、ここ数年のことではないでしょうか。

仕事の失業や転職、家庭の状況から、だれもがふとした拍子に経済的に行き詰り、「貧困は、どんな人も陥る可能性がある」という危機感をあおるような空気が、世の中を包みこんでいるようです。

これは肌感覚で感じるのですが、たしかに収入が高い人は一部にいるけれど、多くの人たちは、低収入からなかなか抜け出せず、「しょうがないよね」と、それに甘んじている状況があるようです。

収入が上がる見込みがないだけでなく、いまの働き方を続けていけるかも不透明。「独

身女性の3分の1は貧困」というニュースの見出しに、ドキリとした人は、少なくないでしょう。

そこで、女性が「結婚して助けてもらおう」と考えるのはよくあること。

もちろん、配偶者を得ることで、豊かな生活を実現できる人もいるでしょうが、結婚をして、毎月の生活費は確保できたものの、内情は、「自分の化粧品を買う余裕がない」「家のローンと、子どもの教育費でカツカツ」といった〝隠れ貧困〟になる可能性もあります。家庭内で修復不可能な問題があっても、さらなる貧困にならないために「離婚したくてもできない」という状況に陥ることも……。つまり、結婚してもしなくても、貧困に陥る可能性はあるのです。

少々暗い話になってしまいましたが、不安がることはありません。

これは、ちゃんと解決できる問題です。

多くの貧困は、「見通しが甘いこと」が、原因になっているのです。

貧困が問題になってきた背景には、先に書いた通り、社会の経済的な変化に加えて、「世の中の仕組み」「会社のあり方」「家族のあり方」が変わってきたことがあります。

前と同じような気持ちで、前と同じような暮らしをしようと思っても、うまくいかないのはあたりまえ。「世の中が悪い」「会社が悪い」「夫が悪い」というような「～のせい」という依存体質があるかぎりは、けっしてうまくいきません。簡単にかわいそうな被害者になってはいけない。「すべては自分自身のなかに問題がある」という当事者意識をもち、自分が積極的に変わっていけば、道は大きく開けるのです。

貧困から自由になるには、生涯に渡って「働き続ける覚悟をもつこと」、働き続けるために「幸せな働き方をすること」「柔軟に働き方を変えていくこと」の必要性を、ここまでお伝えしてきましたが、この章では、「お金を管理すること」、つまり、お金の使い方について考えてみましょう。

人生のお金は、「収入を得る」「その範囲内で暮らす」というシンプルな仕組みのなかで生きている限りは、けっして貧困になりません。

厳しいいい方をすると、貧困であるのは、なにかが間違っているから（病気などやむにやまれぬ状況は除いて）。お金との関わり方のどこかに問題があるからです。

経済的に豊かな生活を送っていくには、お金を「稼ぐ力」「管理する力」、そのどちらの力も必要です。この力がバランスよくとれた生活を実践しているかぎりは生活でき、自然とお金が残るようになります。

お金を「管理する力」は、どんな時代も生き抜くために必須の能力ですが、意外にこのことを軽視したり、意識して学習したりしていません。

「お金がない」という人に限って、「どうして、そんなにお金を使っちゃうの？」というような散財をしていることが多々あります。

「なんとかなるだろう」と楽観視して、大きなローンを組んだり、いざというときの貯金ができていなかったりしてすることもあります。

一方で、収入が少ないながらも、そのなかで堅実にやりくりして、家をもったり、旅行をしたり、やりたいことにお金をかけたりして、豊かな生活を送っている人たちもいます。

強調しますが、お金があることが人生の目的ではありません。

「お金に振りまわされるのか」「お金を管理しながら豊かな人生を送るのか」。

あなたが後者でありたいなら、つぎの「5つのお金」について、真剣に考えてください。

【豊かに生きるために考えるべき5つのお金】

（1）毎月「必要なお金」と、生涯で「必要になるお金」

（2）自分にとって「大切なお金」

（3）「お金を生み出すお金」

（4）「いざというときのお金」

（5）「自分を高めていくお金」

では、これらのお金について、つぎの項から説明していきましょう。

貧困と孤独の不安が消えるポイント

25

お金を管理する能力を高め、豊かに生きると決める

26 毎月「必要なお金」と、生涯で「必要になるお金」を考える

元銀行支店長の話によると、貧困に陥るのは、年収300〜400万円の家庭ではなく、むしろ、年収600〜900万円の家庭だといいます。

年収が高い家庭の多くは、「自分たちは特別」「人よりもお金を多く使ってもいい」という感覚があるため、財布の紐《ひも》がゆるくなりがちなのです。

よく考えようとせずに、あまり必要でないものを買ったり、外食や遊びに浪費したり、収入に陰《かげ》りが見えても生活レベルを下げられなかったりします。

つまり、「たくさん稼いでいるからいい」と安心して、支出マネジメントができていないのです。

ビジネス的な感覚をもった本物の富豪は、意外に質素で堅実な生活をしているものです。

といっても、ただ節約をしているというのではなく、自分の快適な暮らしを知っているのです。

家もむやみに広いわけではなく、豪華なものに囲まれているわけでもない。食事も、着るものも好みのものだけで暮らし、シンプルな趣味を大切にしています。資産を寄付したり、人をよろこばせるためにお金を使ったりします。

必要でないものには使わない、必要だと思うところでは、ぱーんと使うのです。

彼らは、大切なお金を無駄にしようとはせず、「どんな使い方をしたら、お金がよろこぶか？」「自分にとっては、なにがよろこびか？」というお金の本質を理解しているからです。

彼らの生き方は〝信用〟にもなります。

堅実なお金の管理ができる人は信頼され、大きな仕事を任せられたり、一目置かれて言っていることを支持されたりします。

反対に、「いつの間にかお金がない」「なぜか借金がある」というように、お金の管理ができない人は、いっしょになにかしようとするときに、「この人、大丈夫だろうか？」という不信感が生まれます。

お金の使い方には、その人の聡明さや人間性がにじみ出てしまうのです。

収入のほとんどを寄付して、毎月10万円ほどで質素な生活を送り、「世界一貧しい大統領」と呼ばれたウルグアイのムヒカ元大統領は、国連持続可能な開発会議で「本当に貧しい人とは、贅沢な暮らしを保つためだけに働く人だ」とスピーチして、世界が突き進む経済至上主義に疑問を投げかけました。

古い愛車を、アラブの富豪から１００万ドルで譲ってほしいと打診されたときも、車は友人たちからの贈り物で、「売れば彼らを傷つけることになる」と断ったとか。

お金に振りまわされずに生きるには、「お金はこれだけあれば、じゅうぶん」という「必要なお金」をわかっておくことが重要です。お金の出ていく蛇口は、どこかで締めなければ、際限なく流れ続けていくのですから。

「お金の感覚はマヒしやすい」「怒りやコンプレックスなど、満たされない感情が浪費につながる」など、お金の性質を知っておく必要もあります。

毎日の生活では、

「毎月の固定支出（家賃、光熱費、保険料、電話料金など）はいくらなのか？」
「食費を含めて、毎月いくらで生活するのか」
「1週間いくら使うのか」
をわかって、その範囲内で暮らすように努めること。

収入よりも、支出が上回りそうなときは、「ほんとうに必要？」「無駄じゃない？」と見直すことも大切。

フリーランスの私は、収入が変動しやすいので、収入にかかわらず、生活費をできるだけ変えないようにしています。「最低、これぐらいで暮らせる」「快適に暮らすのは、これぐらい」というダブルスタンダードをもっておくと、多少、収入が下がっても、焦ることはありません。

また、いまだけ使うお金でなく、将来、必要になりそうなお金、生涯で必要になるお金を考えることが重要。つまり、「先の見通し」です。

臨時出費となる冠婚葬祭や車検、大型家具の買い替え、旅行費といったことだけでなく、もっと長い視点で、「5年後に家を買う」「10年後に子どもが大学に行く」といった人生の計画も収支に絡めて考える必要があります。

先を見通して、必要になるお金をできるだけ正確にを考えていれば、むやみに不安がることも、逆に散財するようなこともなくなるでしょう。

幸せな生き方をしようと思ったら、柔軟に「稼ぐ」「使う」をいっしょに考えていくことです。

友人は、夫と子ども4人の6人家族。かつては、働くこと、子どもの学校行事や塾で忙しくて、家族の時間がなかなかもてず、「このままでは理想とする子育てができない。子どもたちにとって、いちばんいい選択はなにか？」と考えました。

そこで、豊かな家族の生活を求めて、サモアに移住。夫が新聞連載を書く数万円の収入で、一家6人が暮らしていたといいます。

数年は、自然のなかで子どもたちを伸び伸びと育て、充実していたものの、「このままでは、子どもたちがサモアでしか生きていけない人になってしまう。世界で自由に活躍できる人になってほしい」という思いからアメリカに移住。

夫がアルバイトをしながら、大学院に行き、教授として就職。子どもたちも、世界ブランドのデザイナーになったり、マンモス大学で最優秀学生に選ばれたりするなど、それぞれがすばらしい能力を発揮して独立したあとは、夫婦の時間を大切にして、長期休暇に世界を旅しています。

友人も、十数年、世界中の日本人ライターを束ねるサイトをつくり、メディアとの橋渡し役をする意義のある仕事をしています。

私たちは、お金の使い方を考えるとき、「これだけしかお金がない」「じゃあ、どう生きるのか？」、または、「こんなにお金がある」「じゃあ、たくさんお金を使う生き方ができる」という順番で考えがちです。つまり、お金があるかないかで、生き方を決めてしまうのです。

これは、いってみれば、お金にコントロールされているということ。その結果、ほんとうに求めている生き方ができないことになってしまいます。

本来、お金は手段に過ぎません。

「こんな生き方がしたい」「じゃあ、どう稼ぎ、どう使うのか？」と、自分の〝生き方〟を先に考えるべきなのです。

そうすると、稼ぎ方も、使い方も、知恵を絞って視野を広げ、たくさんの選択肢から考え出すようになります。自分の理想とする暮らし方に合わせて、働き方、お金の使い方も変えていけるでしょう。

情熱に突き動かされるように、進むべき道を進んでいれば、だれもが賢く、たくましくなってくるものです。

「必要なお金を考えること」は、少ない金額でやりくりをすることではありません。

自分の生き方を真剣に考えていくことなのです。

貧困と孤独の不安が消えるポイント

26

生き方を軸に「必要なお金」を考える

27

自分にとって「大切なお金」を考える

お金の使い方には、決まったルールはありません。

幸せを感じるお金の使い方は、人それぞれ。あなたが大切だと思うポイントにお金を使うルールは、自分で決めていけばいいことです。

ただ、「お金の価値」を考えたときに、値段以上に価値あるものに交換している人、それほど価値のないものに交換している人がいます。

自分にとって「大切なものの価値」をまちがわないためには、つぎの3つを参考にしてください。

【自分を幸せにするお金の使い方】

（1）モノを買うときは、幸せの「鮮度×頻度」を考える
（2）自分だけの「こだわり」にお金をかける
（3）「なくなる価値」から「なくならない価値」にお金を換える

ひとつずつ説明します。

（1）モノを買うときは、幸せの「鮮度×頻度」を考える

「鮮度」とは、幸せの大きさ。「頻度」とは、その幸せをどれだけ多く、味わえるかです。

私は、バーゲンセールには近づかないようにしています。セールで服などを買って、一瞬「やった！　安い買い物ができた」と思っても、数回着たあと、クローゼットにしまわれてしまうのであれば、もったいないお金の使い方です。値引きされていなくても、ほんとうに気に入った服を数着もっているほうが、着ているときにご機嫌な気分になれ、また何度も使うので「鮮度×頻度」は大きいといえるでしょう。

私はモノにはこだわらないほうですが、仕事用の椅子や照明、カメラなど、なにかの価値を生み出すための道具、消耗品でもお茶や調味料の塩など、毎日使うもので、「やっぱ

り、これはいいわ～」と幸せを感じる機会が多いものはこだわります。

値段が高ければいいというのではなく、「気に入ったもの」がいいのです。

モノは管理する容量があります。安いものをたくさん持っているよりも、気に入ったものを少なくもち、それを長く使いたいと思うようになりました。

もったいないお金の使い方にしないためには、「幸せをどれだけ感じられるか？」を基準に選ぶといいでしょう。

（2）自分だけの「こだわり」にお金をかける

人のこだわりは、さまざまで、友人のなかには、茶碗収集にお金をかけている人、東京の高級ホテルに宿泊する経験にお金をかけている人、飲み歩くのにお金をかけている人などなど、人から見ると、「どうして、そんなことにお金をかけちゃうの？」ということにお金を使っている人たちがいます。

それでいいのです。

「やりたいことにお金を使う」のが、人生の幸せですから。自分の心に正直にお金を管理しようと思ったら、教科書に習うような平均的な使い方ではなく、内訳がアンバランスになるのは自然なこと。お金の使い方は、人の生き様そのものなのです。

ただし、「あれもこれも中途半端」では、もったいない使い方になります。

それは「ほんとうに自分はなにが幸せなのか？」がわかっていない、ということなのでしょう。

先に挙げた茶碗好きの友人は、20年近く、国内の窯元《かまもと》を歩き回り、そのたびに気に入ったものを1個ずつ買い求めています。一つひとつの茶碗の焼き方、色の出し方まで熟知し、その窯元でのエピソードを話します。

また、高級ホテルに泊まっている友人は、年に1度、2泊3日の贅沢を楽しみとしていて、外資系ホテル8つを制覇することが目標。一流のサービスに触れ、そのなかに馴染むように滞在することによろこびを感じ、「また、がんばろう！」と思うのだとか。

毎晩のように飲み歩いている友人は、お酒を飲むこと自体が好きだということもありますが、そこで情報収集をしたり、人間観察をしたりして、仕事に役立てているのです。

中途半端でない、継続していくお金の使い方には、人生のドラマがあります。

数回、お金を使っただけでは〝散財〟になっても、好きなことに対して、回数と年月を重ねていけば、価値ある財産となり、〝誇り〟のようなものが生まれてきます。自分にとって意味のある使い方をするためにも、自分の稼ぎ力をもち、こだわるところにはお金をかけ、こだわらないところは、しっかりと締めるお金の使い方をしてほしいと思うのです。

(3)「なくなる価値」から「なくならない価値」にお金を換える

お金というものは、使うとなくなってしまうものですが、使っても「なくならない価値」に換える方法があります。

それは「知的財産」、つまり、経験や成長に換えていくことです。

私は、お金の余裕のあるときは、もっともここにお金を使ってきたといっていいでしょう。

20代のころ、少々無理をして、有名旅館に泊まりにいったことがありました。

同年代の友人には、「それだけのお金を一瞬で使っちゃうなんてもったいない！　バッグを買ったほうがずっと残るのに」と言われましたが、私は満足していました。その有名旅館に泊まった経験は、一生残るからです。

「どうして、この旅館は人気なのか？」と確かめたり、歴史の重なった空間に身を置いて、過去の世界を想像したり、「こうした旅館は、20代で泊まるところじゃないな。いつか格好いい大人になって、自然に来られるようになろう」と決意したり。そんな心の変化が、人生を形づくってきました。

新しい経験をすること、本を読むこと、旅をすること、人と会うことなど、たくさんのお金を使いました。経験を重ねてきたおかげで本を書くことができています。いえ、本を書くようになったのは、目的でなく、あとからついてきた結果で、経験すること自体がよろこびだった、といっていいでしょう。どんな仕事であっても、自分がよろこびと感じる経験や成長にお金を使い、「知的財産」を増やしていけば、自然に結果はついてくるだろうと思うのです。

私は、20代のころは、明確な目標がありませんでしたが、いまは、いくつかの目標があるので、そこにはとことんお金をかけます。夢や目標にお金をかけられるのは、幸せなことです。

優れた料理人になりたいと思うなら、優れた料理を食べたり、優れた技術を学んだりすることにお金をかけるでしょう。エステシャンになりたいなら、自分で優れたエステを受けてみることです。自分で体験してきた人、体験せずに技術だけを身につけた人は、まったく違うものです。

いちばんお金を使う部分は、だれもがこだわりをもっている部分。それが「才能」になっていきます。

稼ぎ方だけでなく、お金の使い方も、「生活」「仕事」「遊び」「学び」をいっしょに考えていくことが大事。トータルで人生を楽しみ、思いを叶えていくために、お金を自分のなかにどんどん蓄えていってください。

貧困と孤独の不安が消えるポイント
27
人生の夢や目標に投資していく

28 人とのつながりのために、お金を使う

親の資産ではなく、自分の力でお金を増やし、いわゆる「お金持ち」と呼ばれるようになった人の行動を見ると、「お金の稼ぎ方」よりも、「お金の使い方」にポイントがあるように思います。

お金の使い方がうまい人は、「人との信頼関係を築くため」に、お金を使っているのです。

ちいさなことでいえば、だれかがみんなの分をご馳走《ちそう》してくれたときに、「どうせ、そのなかの一人だから」と、「どうも～」のひと言で済ませてしまう人は、あくまでも〝おこぼれ〟であり、〝脇役〟から抜け出すことはありません。

ご馳走してくれる〝お金〟には、なにか意味があります。

「メインゲストに感謝を示したい」「これからもいい関係を築きたい」「仕事の情報がほしい」など、いろいろあるでしょう。

そんなお金の意味を理解して、葉書一枚のお礼状を書く、つぎに会ったときに、ちょっとしたお礼を買って渡すなどの行動ができる人は、「またご馳走してあげよう」「なにかあったら、この人に頼もう」と信頼関係が生まれ、〝主役〟になる可能性があるのです。

わざわざ葉書を書いてくれた、わざわざプレゼントを買いに行ってくれた、という事実で感謝の気持ちが伝わるからです。

いつも仕事関係者にご馳走している会社社長は、大金を使っていますが、「出せば出すほどいい」というものではないそうです。いつも出してばかりいると、相手にとっては、それが普通になり、甘んじてしまうことがあります。人によっては、負担になることもあります。「ちゃんと気持ちが伝わる」という効果的なお金の使い方をすることが大事なのだとか。

また、仕事をするとき、一時的なことだけを考えて、「割に合わない」という人がいます。

しかし、お金を使うときは、長期的に考える必要があるのです。

ライターのギャラが下がってきた10年ほど前、「割に合わない」という理由で、仕事を断る人が多くでてきました。数万円の仕事をしても、それに対する取材費や経費を使うと、たいした収入にならないというのです。

「私は、自分の仕事にプライドがあるので、○万円以上でないと仕事を受けません」という人もいました。

しかしながら、そんな人に、いい仕事がまわってくることはありません。採算を度外視してキツキツの状況でも、それを口にせず、いい仕事をしようとしてきた人は、本を書いたり、海外取材の仕事をしたりと、さらにいい仕事ができるようになっています。

一生懸命やってくれた人には、なんとかお返しをしたいと思うのが人情。お金というのは、人との関係から生まれてくるものですから。

「小事を捨てて大事を取る」の長い目で、「入ってくるお金」「使うお金」を考えることが必要。お金よりも、信頼関係を築くほうに重きを置いてきた人たちは、一時的にお金を失っても、遠まわりして、ちゃんと自分に返ってくるようになっています。

ときどき、育児中の女性で、「働いても、子どもを保育園に預けたら手元にあまりお金が残らない」といって、仕事を辞める人がいます。

「これじゃあ、なんのために働いているのかわからない」と嘆く気持ちはもっともですが、仕事を失えば、子どもが小学校、中学校に行くようになっても、なかなか再就職できない事態に陥ってしまいます。

一時的には大変でも、職場での信頼関係を大事にして仕事を続けていれば、長きに渡ってコンスタントに入り続ける収入を確保できます。

ただ仕事を続けるのではなく、「信頼関係を築き続ける」のがポイントで、まわりに感謝の気持ちを示したり、いい仕事をして信頼されたりしていれば、育児で困難な問題がでてきても、まわりはサポートしたり、大目に見てくれたりして、なんとか乗り越えていけるはずです。

損得だけではなく、「人を大事にしたい」という思いがある人は、人のためにお金を使うことができ、自分も豊かな気持ちになれるものです。

仕事関係だけでなく、家族の誕生日にプレゼントをする、親戚や友人の子どもにお年玉をあげる、お世話になった人にお歳暮を贈る、訪問するときにお菓子をもっていくなど、ちょっとしたお金の使い方は、お返しを目的としたものではありません。「相手によろこんでほしい」という気持ちがあるからです。

そんな機会がもてることは、とても幸せなこと。ほんとうに困ったとき、助けてほしいとき、精神的に行き詰ったときなど、助けてくれるのは、お金ではなく、人であることが多いものです。

自分のできる範囲で、まわりの人のためにもお金を使っていくことができたら、いつの間にかそれは、自分を支えてくれる心強い力になっているはずです。

貧困と孤独の不安が消えるポイント

28

お金よりも、人との信頼関係に重きを置く

29

「いざというときのお金」を考える

貧困に陥る原因で、もっとも多いのは、「転職に失敗」「給与カット」「失業」「離婚」「病気やケガ」「メンタルの病気」など、予測外の出来事が起こったときといいます。

つまり、「働き続ける」「結婚生活が続く」といった、「このままいけば大丈夫だろう」というバランスが崩れたときです。

一方で、貯金する目的として、いちばん多いのが、「老後の資金」「目的はない」「子どもの教育費」「緊急の災害時」といいます。

「実際のいざというときに必要なお金」と、「貯金しているお金」が、少しズレていると思いませんか？

もちろん、結婚して子どもが生まれたら、高校、大学に通わせるために、コツコツ貯金をしていくことは必要でしょう。

しかし、昨今は、先行きが不透明だからと、20代であっても節約をして老後の貯金を始めたり、「ただ、なんとなく不安だから」と、実家を出ずにその分を貯金にまわそうとしたりする人がいるようです。たしかに、「先の自分」のためにお金のことを考えていますが、それでは、「いまの自分」を失っていることになるでしょう。

20代30代は、仕事力や人間力を磨いていく時期。旅行をしたり、さまざまな経験をしたり、たくさんの人に接したり、知識やスキルを学んだりして、「いまよりももっと稼げる自分」「いまよりもっと豊かに人生を楽しめる自分」をつくっていくことが先決。

そこにお金と時間を投資するかどうかが、5年後、10年後の稼ぎ力の差、人間力の差になっていくのです。

20代から数万円の貯金をしていこうと思っても、途中、結婚や出産、育児などがあったり、生活状況が変わったりして、30年40年、コンスタントに貯め続けていくことは、現実的ではないでしょう。40代50代と年齢を重ねるごとに、稼ぎ力が上がっていけば、10年、

20年で老後の資金をつくることは可能なのです。なにより、60歳以降も働くための稼ぎ力を蓄えることができます。

また、「実家から独立すること」は、男性でも女性でも、やってみる価値は考えている以上に大きいものです。

実家にいると、それだけで生活ができるため、「どうにかして、収入を上げていこう」という気持ちにならないどころか、仕事を安易に辞めてしまったり、親のお金に頼ることになってしまうことにもなりかねません。

独立すると、一時的には経済的に苦しくなっても、ひとり暮らしをするなかで、自分の人生や、お金のことを真剣に考えるようになります。

限られた収入で、いかに節約して、いかに楽しむかを工夫し、「もっと稼いでいくにはどうすればいいか」を考え、行動するようになります。こうしたお金の知識やセンスは、一生ものの財産になるはずです。

〝守り〟ではなく、〝攻め〟の経済対策を立ててほしいのです。

「緊急の災害時」のお金をカバーしてくれるのは、「貯金」より「保険」です。自然災害や火事のために貯金しようと思っても、際限がないでしょう。

大学教授である友人は、車通勤しているので、いちばんのリスクは事故に遭ったとき。大学の職を失うだけでなく、自分がケガをすると、ほかの仕事もできなくなり、子どもの生活にも影響が出てくるため、自動車保険をかけることと、ぜったいに死ぬことがないようにと軽自動車ではなく、丈夫な車に乗るようにしているとか。

また、別の友人は、事故のリスクを考えて、自家用車をもたず、タクシーを利用するといいます。事故に遭ったときの損出だけでなく、車の税金、保険、メンテナンス費を考えても、タクシーのほうが、経済的な損出は少ないといいます。

「なにがいちばん起きやすい危険なのか?」「なにがいちばん困る危険なのか?」を考えて、最大限の対策を打っておけば、万が一の事態になっても、力が及ばないことには、あきらめがつきます。

それよりも、もっとも大きなリスクは、失業、病気、メンタルの病気、離婚などによって、「働き続けること」「結婚生活を続けること」ができなくなったときでしょう。

これも、ある程度は、保険でカバーできます。

私はフリーランスで働いているので、もっとも困るのは、働けなくなって収入が途絶えるとき。そのため、通院、入院費が支払われる傷害・疾病の保険に入っています。扶養《ふよう》家族はないので、死んでも経済的に困る人はいませんが、親や子どもを養っていたり、家のローンが残っていたりする人は、死亡時の生命保険金が必要でしょう。

ただ、私は、起こるかどうかわからないリスクに備えてお金を貯めるよりも、もっと大切なことがあると考えています。

それは、万一の事態が起きないように、かねてから、準備しておくこと。

「危機管理」というのは、すでに起こった危機に対して、ダメージを減らそうとすることですが、**「リスクヘッジ」とは、リスク（起こりそうな危険）が起きる前に、準備を整えておこうとするもの。できるだけ危険が起こらないようにすることも含みます。**

「病気になったらどうするか？」よりも、「病気にならないため」に、健康管理をしたり、健康診断を受けていたりすることのほうに、ずっとお金を投入するべきなのです。失業して困らないためには、そのときのお金を貯めるより、失業しないために、仕事で活かせそうな知識やスキルを身につけることにお金をかけるべきでしょう。

また、離婚してから、養育費でもめたり、貧困に陥ったりすることは避けたいもの。そうならないためには、稼ぎ力をつけておくのはもちろんですが、離婚しないように、家族や夫婦の時間を大切にしたり、家族に問題が起きたら、すぐにその芽を摘み取る努力をしたりするべきなのです。

危険が起こってからお金を使うのではなく、危険が起こらないためにお金を使うことが重要。

リスクは、察知して対応することで、ある程度は回避できます。

どんな人生であっても、なにかのリスクがあります。なにかを得ようと思えば、かならずリスクはついてきます。

大切なのは、そんなリスクを怖がることではなく、リスクがあることをわかって、積極的に対策を打ちながら進んでいくことなのです。

貧困と孤独の不安が消えるポイント

29

危険の後処理ではなく、危険が起こらないためにお金をかける

30 豊かに生きるために、セルフイメージを上げていく

「貧困は遺伝する」と聞きますが、これは、いくらか当たっていると思います。

お金の稼ぎ方、お金の使い方は、親を見て育っているため、それが普通になってしまうのです。

貧困家庭に育った人は、自分がお金をたくさん稼いだり、お金をたくさん使ったりするセルフイメージ（自分に対するイメージ）が描きにくいかもしれません。

親が商売をしている人は、お金を自分で稼ぐセルフイメージを描きやすかったり、親が公務員の人は、堅実に働くセルフイメージが定着していることもあるものです。

ときどき家族で海外旅行をしていた人は、そうするのが当然だと思っていたり、家族もまわりの人も、ほとんど海外旅行をしない人は、海外旅行をするイメージが描けなかった

りします。

私も地方で暮らしていた20代のころは、「一生のなかで、自分が海外旅行に行くことはあるんだろうか」とぼんやり考えていました。都会で暮らすことも、まったく考えられませんでした。そんなことができるのは、お金をたくさんもっている特別な人であり、よほど稼ぎのある人と結婚でもしないかぎり、自分はそんな人になることはできないだろうと思っていたのです。

このように、お金とのつき合いは、これまでの環境で築いてきた「私はこんな人間だ」という無意識の思いこみ、〝セルフイメージ〟がもとになっていることが多いものです。

良くも悪くも、お金を稼ぐこと、使うことを、自分で制約をかけているのです。

ただ、貧困家庭の人が、ずっと貧困かというと、そうではありません。

「ぜったいに貧乏な暮らしはイヤだ」と自立心をもって、なんとかしようとする人は、だんだんセルフイメージが変わってきます。

お金を自分なりの方法で稼いでいったり、自分の好きなことにお金を使ったりしているうちに、「自分は無理だろうな」というセルフイメージの枠を超えて、「自分もできるんだ」という高いセルフイメージになり、だんだんそれが普通になっていきます。

「いまよりも、もっと豊かな暮らしがしたい」と思ったら、セルフイメージを高めていくことですが、それは考えているだけではできることではありません。

セルフイメージを上げる方法として、高級ブランドのものを身につけたり、お金持ちの人たちが行くようなレストランに行ったりして、自分自身もそうなろうとする話をよく聞くことがありますが、私のようにそこに価値を感じていない者にとっては効果がないどころか、無理をして「身の丈《たけ》に合っていないなぁ」と、さらに自分を低くしてしまうことになりかねません。

格好だけ真似て、「私は豊かな暮らしができる人だ」と思いこもうとしても、心の奥には、「いやいや、あなたはそうじゃないし」「どうせ、あなたにはムリだろうし」という思いが支配しています。自分の実体験に基づかないかぎり、ぜったいにセルフイメージは根付かないのです。

私がこれまでセルフイメージを高めてこられた方法は、「行動を変えることで、自己イメージを高めていく」というつぎの3つの方法です。

【豊かに自己イメージを高める方法】

（1）ちいさな成功体験を重ねる

（2）「当然そうなる人」として振る舞う

（3）つき合う人を変える

ひとつずつ、説明します。

（1）ちいさな成功体験を重ねる

成功体験が少ない人は、「自分にはできない」という思考になりがちです。ちいさなことでいいのです。「今日、やろうと思ったことは、今日終わらせる」「英語を使って外国人と話す」「ちいさな商売をやって現金を稼ぐ」「行きたかったオペラを観に行く」など、やろうと思ったこと、やりたかったことの〝成功体験〟を広げていくうちに、「私だって、やればできる」という自信がつき、不可能だと思っていたことも、「なんとかできるでしょう」という気持ちになってきます。セルフイメージが高くなるほど、パフォーマンスを上げることができ、大きな夢や目標も実現しやすくなります。

（2）「当然そうなる人」として振る舞う

いまは、まだそんな状態ではなくても、理想の自分を描き、「当然、そうなる人」として振る舞うのです。たとえば、「3年後に人気のセラピストになり、3LDKのマンションでホームパーティを開いている自分」を描いたら、ぼーっとしながらテレビを見ている暇はありません。新聞の見る面が変わり、行く場所が変わり、着る服が変わり、お金の使い方も変わってきます。見ようとするものが変わっていくうちに、自然に自己イメージは高まってくるものです。

（3）つき合う人を変える

同じような境遇の人と愚痴を言っていては、自己イメージは高まりません。まわりの人が、自分の人生を決めることが多いものです。「こんな豊かな人になりたい」と思う人に接していると、「もしかしたら、自分もがんばればできるんじゃないか」と思いが湧いてきます。「ゼロから数億円の資産を築いた人」「休暇は素敵な海の別荘で過ごしている人」「海外の貧困地域に学校を寄贈した人」など、自分の価値観に合った人は、想像力を広げ、可能性を広げてくれます。

「豊かに生きたい」という自分の想いを叶えてきた人たちは、かならずセルフイメージを高めることをしています。人は自分が思ったとおりの人になるのです。

貧困と孤独の不安が消えるポイント 30

「豊かな暮らし」のセルフイメージを高めていく

第6章

社会とつながる

ひとりぼっちの恐怖に負けるな

31 ひとりでも孤独、家族がいても孤独

お金の問題は、人とのつながりにも大きく関係しています。

独身女性のなかには、「このままひとりで生き抜けるのか」と経済的な心配をする人は、少なくありません。

「ひとり暮らしの高齢女性」の2人に1人は、年金も十分でない相対的貧困（所得127万円未満）といいますが、この背景には、核家族化が進んで、ひとり暮らしの高齢者が増えたこと、平均寿命が長い女性のほうが、ひとりで暮らす期間が長くなったことがあります。

子どもがいるからといって、いっしょに暮らしたり、仕送りをしてもらったりすることを前提に考える時代でもありません。

頼りになるのは配偶者と、50代60代でも、婚活をしている女性は多いようですが、そ

の年齢で結婚すると、「義理の親の介護」「夫の介護」が待っている。夫が旅立ったあと、「自分の介護はだれがしてくれるのか？」「だれが養ってくれるのか？」と考えたときに、だれもいないのが現実。高齢女性の貧困は、いまや若い世代の将来の問題といってもいいでしょう。

私は、高齢貧困に陥らないために、60代以降も月10万円から働いていくことを提言しているのですが、経済的な問題よりも、もっと根深い問題は、「社会から孤立している孤独」「頼れる人がいない孤独」といった精神的な貧困かもしれません。

高齢者だけの問題、独身女性だけの問題ではないのです。

結婚していても、子どもがいても、孤独感に苛《さいな》まれることはあります。

人は、もともとひとりでは生きていけない動物であるため、つながれるはずなのに「理解してもらえない」「助けてもらえない」「受け入れてもらえない」など、人がいるときにこそ危機感を覚えてネガティブな感情が襲うといいます。

だれもがいくらかは、孤独になることを恐れている状況かもしれません。

年齢を重ねても、豊かな人生を送るためには、「孤独」の問題についても考えておく必要があります。

孤独から自由になるためには、これまでの価値観を打ち破り、孤立した状況をつくらないように、なにかの役割をもって社会と接していくこと、積極的に人的ネットワークを築いていくことが必要です。

しかし、一方で、「孤独を受け入れる」ということも必要だと思うのです。人間、ひとりで生まれ、ひとりで死んでいくもの。ひとりの道を歩いていることに違いはありません。

思い通りにならないこと、助けてもらえないこと、人と気持ちが通じ合えないことは多々あり、どこかで孤独を感じながら生きていくのが、大人という生き物だと思うのです。

孤独というのは、状態ではなく、心のあり方です。

高齢のひとり暮らしでも、生き生きと生活している女性たちがいます。

100歳で水泳の世界記録をつくった女性、フォトジャーナリストとして活躍している女性、103歳の芸術家など、「彼女たちの共通点はなんだろう?」と考えてみると、「つぎにできることは、なに?」と新しい世界に挑み続けていること。だから、一日一日を目的をもって過ごし、食生活などに気をつけて健康でいようと努め、好奇心をもって人の話に耳を傾けようとします。

「孤独が不安」という若い世代に対して、「人間、孤独なのは、あたりまえでしょう?」というお叱りの声が聞こえてきそうです。どんな年代であっても、やりたいことへの情熱があれば孤独を感じる暇はないでしょう。

人間、暇になるとロクなことはありません。

働きづくめだったり、立場を与えてもらって人間関係を築いてきたりした男性は、定年退職すると、「なにをしていいかわからない」「人とどう仲良くなればいいかわからない」となることが多いものです。

女性であっても、やる仕事がなくなったり、子育てや介護が終わったりして、役割がなくなると、ぽっかり心に穴があいたような状態になる人も多いと聞きます。

「ひとり」であっても、寂しい「ひとりぼっち」にはならず、すばらしい人生にするには、若いときから、積極的にやりたいことを追求したり、ひとりの時間も人といっしょにいる時間も楽しんだり、好奇心をもって学んだりすることを続けていくこと。「ひとりの自分」として、幸せに生きる道を歩き続けていくことです。

私は、孤独は単純にネガティブなものではないと思っています。

孤独な時間があるからこそ、人とつながることによろこびを感じます。

孤独な時間こそ、「なにができるんだろう？」と自分と向き合い、創造性や自立心が磨かれ、なにかを生み出していくことに意欲的になります。

孤独を受け入れることは、豊かな人生を送るためには必要なことだと思うのです。

貧困と孤独の不安が消えるポイント

31

ひとりの人間として、「なにができる？」と考え続ける

32 つながることは、「豊かさ+リスクヘッジ」

多くの人が「将来、孤独になるんじゃないか?」という将来の心配をしているようですが、高齢者の孤独よりも、むしろ、若い世代の孤独のほうが深刻だと感じています。

人は、たくさんの人と関わり合っているなかで、人間を学び、自分の役割を見つけ出し、成長していくもの。世の中の荒波にもまれながら、泳ぐ力を身につけていくのです。

会社や地域のなかで、あれこれ助言をしてくれる人、広い視野で知恵を授けてくれる人、または反面教師になって「こんな行いをしちゃあ、いけないな」という悪い見本を見せてくれる人などがいなかったら、どうなるのでしょう?

そんな人とのつながりは、ときに鬱陶《うっとう》しく、摩擦《まさつ》を起こしやすいものですが、そこから背を向けて、だれもが傷つかないようにと、安心した場所だけで生きていこうとするから、孤立化し、生きる力が失われ、貧困や孤独など、危険な状況に晒《さら》されることになります。**安全な道を行こうとすると、逆に、危険な目に遭うというパラドックスが起きているのです。**

幼い子どもを育てているお母さんたちは、孤独に陥ることがあるでしょう。

かつては、黙っていても、義父母や地域の人など、だれかが口を出し、世話を焼こうとする社会でした。が、いまは余計なことをしてほしくない。ママ友などでつながればいいけれど、それはそれで面倒なこともある。結果、問題が起きたときに、だれに相談することもできず、インターネットを検索したり、公的な相談所に行ったり、ときには、うつ状態になったりすることもあるかもしれません。

会社のなかでも孤立化は進んでいます。

上司が「あなたもそろそろ、いい年だから、いい人を紹介しよう」と結婚相手を見つけてくれる企業文化があったのは、遠い昔。女性の先輩から、「まったく、いまの若い子は常識ってものがないんだから！」と、ガミガミ怒られながらも、社会のマナーを教えてもらえたのも、会社が〝家族〟のような性質をもっていたからでしょう。

現代の会社は、派遣社員、アルバイト、一般職、総合職など、さまざまな立場の人が入り乱れて流動的であり、「この人、ひどすぎでしょ」という人がいても、なかなか注意してもらえません。

仕事以外のプライベートのことに触れると、「余計なお世話でしょう」という空気があるため、「われ関せず」。だれもが「余計なことを言わないようにしよう」「問題を起こさないようにしよう」と、人間関係の摩擦を恐れて、縮こまっているようです。

そのため、生きていく社会的知性をもたないまま、大人になった人たちも少なくありません。

いま、人とのつながり方は、集団主義から個人主義への変革がひたひたと進み、ある部分では、生きやすくもなっている反面、問題も多く噴《ふ》き出しているのです。

大切なことは、これまで「黙っていても、つながっていた」という受け身の姿勢から、「自分で積極的につながっていく」という主体的な姿勢へと、私たち個人も変わっていくことです。

これは歓迎するべきこと。積極的な気持ちがあれば、自分の求める人と、あらゆる手段をつかって、つながっていけるのですから。

現代社会の「つながり」の特徴として、つぎのような3点があります。

＊「つながりたい」けど、「つながりたくない」というジレンマがある

＊目的がないとつながれない

＊つながりは、個人の自由意思に託されている

人とつながることは、孤立から守ってくれるというリスクヘッジのためだけでなく、本来、とても豊かなものです。

人生の味わいは、つながりによって、つぎのように、さらに深く広がりをもってきます。

＊　よろこびや悲しみを分かち合える

＊　自分ができないことを補ってもらえる

＊　成長をさせてくれる

＊ 自分の役割をもって、自分らしく生きられる

人は、人のためにこそ、力を発揮できるもの。かつての社会は、つながることで、ともすると、〝自分〟がつぶされてしまう社会でした。

しかし、現代は、人のつながりのなかで、〝自分〟の役割を見つけ出し、自分を生かしてもらえる。「自分らしさ」というものも、さまざまな人に接することで、より豊かな生き方を求め、自然にできてくるものではないかと思うのです。

貧困と孤独の不安が消えるポイント

32

「自分で積極的につながっていく」という主体的な姿勢をもつ

33

〝安心〟よりも〝信頼〟でつながる

「信じるものは、だまされるのでしょうか？」

昨今の世の中には、オレオレ詐欺や悪徳商法など、人をだまして、自分だけいい思いをしようとする人による被害があとを断たず、「人を見たら、泥棒《どろぼう》だと思え」という気持ちで人と接するほうが、だまされにくい気がします。

しかし、社会学者の山岸俊男氏は、著書『安心社会から信頼社会へ』のなかで、さまざま心理実験の結果から、「ほとんどの人は信用できる」と考えている〝高信頼者〟のほうが、「人は信じられない」と思っている〝低信頼者〟よりも、他人の行動を正確に予測していると述べています。

人を信頼する人は、他人と協力し合っていきたいと思っているため、いろいろな人とつき合い、社会的知性を身につけます。他人の人間性の情報にも敏感に反応し、相手のことを理解しようとします。

ただぼんやりと人を信じるお人好しではなく、〝社会的な楽観主義者〟なのです。

これに対して、人を信頼しない人は、〝社会的な悲観主義者〟。他人、とくに知らない人とのつき合いを避けることになり、他人の人間性を理解するための知性を身につける機会を逃してしまいます。

人を信用する人のまわりには、たくさんの人が集まり、人を信用しない人からは、人が遠ざかり、さらに、社会的知性の格差は、広がっていくのです。

個人の意思で人とつながっていく現代社会は、こうした相手の人間性や価値観を理解したり、気持ちを思いやったりする〝社会的知性〟は、ますます必要とされています。

かつての家族や親戚、地域、企業などの社会は、深く長くつき合っていく〝監視社会〟であり、〝安心社会〟でした。強固につながっている構成要員のすべてが暗黙のうちに〝監視者〟になっていて、それが安心できる社会を築いていました。悪いことが起きるのを防ぎ、自分の意思云々にかかわらず、序列によって、お互いを支え合うため個人の役割を与えられてきました。つまり、ぼんやりしていても、安心して生きていられたのです。

しかし、現代は〝監視〟や〝安心〟ではなく、個人と個人が自分の意思でつながり、それぞれがお互いに〝信頼〟を築いていく社会になっています。

これまでの家族や会社のように、どっぷりとそのなかに身を置く関係から、つながりたい部分で、つながりたい人、かつ信頼できる人とつながっていくという関係性になってきています

ちいさな集団でやっていた助け合いを、社会全体で補完し合うようになったのです。

昨今は、これが商売として花盛りです。

たとえば、育児や介護サポート、家事代行、婚活セミナー、マナー講習……。お墓の掃除、高齢者のひとり暮らし見まわり、友だちレンタルというサービスまであります。

お金で解決しようというのは、少々さびしい気もしますが、これに救われている人たちが多いのも事実。だれもがお世話になる可能性はあります。

そのために、少しずつでもコンスタントに稼いでいく経済力をもつ一方で、「お金がなくても助けてくれる」という信頼できる人との関係も築いていく必要があるでしょう。

ただ、信頼というのは、一朝一夕《いっちょういっせき》には築けません。

お互いに信頼関係を築いていくには、一時的なものではなく、長きに渡って、持ちつ持たれつでつき合っていける関係を大切にすることでしょう。

元教師である友人は、高齢のひとり暮らし。月に何度か、元教え子の男性たちが代わる代わるやってきて、庭木の剪定《せんてい》をしたり、買い物を手伝ったりしてくれます。教え子たちは、「先生には、昔、たいへんお世話になりましたから、せめてものご恩返しです」と言っていますが、卒業したのはもう40年以上も前のこと。友人も、彼らが社会人になり、結婚をし、子どもをもったあとも、なにかと気にかけ、見守ってきたのでしょう。いい関係が続いてきたからこそ、助けてもらうことができるのです。

台湾には、「セカンドマザー」といって、子どもに注意や助言をしてくれたり、仕事が忙しいときに預かってくれたり、母親が育児の相談をしたりする人がいます。

セカンドマザーにとっても、自分が頼られたり、子どものような存在がいたりするのは、心の栄養になり、その成長は楽しみなこと。両親がお願いすると、とくに謝礼がなくても、引き受けてくれるといいます。

こうした家族のようにつき合っていける人がいるのは、心強いものです。

独身女性の間では、「年をとったら、いっしょにシェアハウスに住みましょうね」と言い合っている人たち、お互いの家の鍵を渡し合って、「１週間、連絡がなかったら、倒れているかもしれないから見に来てね」と約束している人たちもいます。みんなから信頼されているある女性は、ひとりで５本の鍵を預かっているとか。

「頼る人がいる」ということは、ありがたいことですが、もっとよろこばしいことは、「頼ってくれる人がいる」ということのようにも思います。

「人のためにできることがある」「自分が必要とされている」ということこそ、〝心強さ〟になるのです。

人は、つながりのなかに自分の役割を実感することで安心し、心豊かにに生きていけるのです。

人の恩は、お互いにやり取りをしようと思っても、バランスのとれた関係でなく、「お世話になってばかり」「お世話をしてばかり」ということが多いものです。

それでも、日ごろ、損得勘定抜きで「自分ができることをやろう」と、あちこちで人のためになることをしていると、いつかひょっこり、どこからか、その恩恵が返ってきます。

それは、〝信頼〟と〝愛情〟を積み重ねているからです。

なにもしていない人は、この〝ひょっこり〟が起きることはありません。

信頼できる人をもつためにも、まずは自分が信頼される人でありたいものです。

貧困と孤独の不安が消えるポイント

33

あちこちに恩を送り続けるのが、リスクヘッジ

34

夫婦、家族は同じ目的をもったチーム

非婚化、晩婚化は、どこまでも進んでいるようです。

独身女性の多くが、将来の不安を感じていて、結婚したいと望んでいる。そして、ぜったいに譲れない結婚相手の条件としてよくあげられるのは、「安定した収入」。

女性の場合は「未婚だから貧困に陥りやすい」という側面があるけれど、男性にいわせれば、「貧困だから未婚でいる」という側面もあるのです。自分の収入だけで、妻と子どもを支えられる男性は減ってきているでしょう。

現実的に、社会や経済の状況は大きく変わり、個人の多様な生き方が進んでいるというのに、企業や家族の構造、そして、若い人に至るまで人びとの意識は、変化のスピードがたいへんゆっくり。いえ、むしろ、仕事において限界を感じる女性たちの「生きていくために、安定した仕事をもつ男性と結婚したい」という保守的な声が大きくなっているようにも感じます。

戦後の社会がつくり出した「男は外で働き、女性は子どもを産み育てる。マイホームをもち、老後は年金暮らしをする」という家族モデルは相当、手強《てごわ》く浸透しています。親たちの世代を見てきたため、セルフイメージもそうなってしまうのかもしれません。

しかし、そろそろ目を覚まして、女性も男性も意識を変えていかなければ、仕事も結婚も、どちらも手に入れられないことになってしまいます。

非婚化、少子化をV字回復してきた欧米の国では、「働く夫と、専業主婦の妻」という家族モデルは遠い過去のもの。専業主婦という立場が消え、共働きがあたりまえとなった背景には、「夫の収入だけで一家を支えるのは難しい」という経済的事情があります。

未婚カップルから子どもが生まれるのもよくあること。ひとり暮らしを維持《いじ》できるのは、裕福な人で、ほとんどは経済的に苦しいからこそ、助け合っていくために、相手を見つけ、いっしょに暮らしたり、結婚したりします。

「いっしょに働いていきましょうね」というスタンスであれば、結婚のハードルは低くなるのです。

女性の多くは、結婚相手の条件として年収400万円以上をあげるようですが、2人で300万円ずつ働けば、もっとゆたかな暮らしができるでしょう。どちらかが不安定だったり、失業したりしても、助け合うことができれば、働き方を立て直すことができます。

もちろん、日本はいまだ、子どもをもつ女性が働きづらい、社会制度が整っていないなどの摩擦は多くありますが、女性たちが「私は、こんなふうに生きたい」と考えなければ始まらないでしょう。「たいへんな時代になったなぁ」なんて思わないでくださいね。

専業主婦という立場が生まれたのは、昭和の高度成長期。便利なものにあふれている現代よりも、主婦の家事労働はずっと手のかかるものでした。

いつの時代も、女性たちは働いてきました。

妻の仕事は、かつての農業や商業など「夫の仕事を支えていく」という〝サポート〟のかたちから、高度成長期の「夫は仕事、妻は家庭」という〝分業〟のスタイルへ。そして、いま、夫婦、家族は、〝チーム〟としての意味合いが大きくなっているでしょう。

お互いに自分のできることをする。できないことを補完し合う。同じ目的、それぞれの目的のために協力し合ってチームワークを発揮し、豊かな生活や充実した人生を実現していく……というように。

そのためには、女性の「養ってもらう」、男性の「家のことはしてもらう」という依存を改める必要があります。

女性が幸せな働き方を追求しようと思うなら、男性にもそれを認めるべき。男性もめいっぱい働きたいなら、女性にもそれを認めるべきです。この意識改革ができれば、働き方、結婚や子育ては柔軟性をもち、ずっと生きやすくなるはず。

また、地縁、血縁の監視社会、安心社会が薄れてきたこともあり、夫婦というつながりは脆《もろ》さを帯びるようになってきました。離婚が増えている現実も、それを表しています。夫婦がつながったり、離れたりすることを制限するものは、基本的にはありませんが、離婚になるとリスクは大きい。シングルマザーになって貧困に陥ることもあります。

だからこそ、夫婦が「積極的に愛を育《はぐく》む」ということについても、真剣に考える時期にきているようです。

先日、日本人の夫をもつウルグアイ出身の女性が、こんなヒントをくれました。

「愛は、努力なしには得られない。私の国には、〝ほかの人の靴を履いてみる〟ということわざがあって、夫婦は相手の身になって考えることが大切。もちろん、日本人の夫婦も、お互いに思いやりがあるんだけど、義務感でやっていることが多い。妻はこうでなきゃいけないからとか、我慢しなきゃいけないとか。相手の靴を履いているんじゃなくて、自分で考えた窮屈な靴に縛《しば》られている。それじゃあ、つらくなるし、続かない。もっと相手をよろこばせることを積極的に楽しんだらいいと思う」

ウルグアイの夫婦の多くは、毎日の生活のなかで夫婦が話したり、楽しんだりする時間をなによりも大切にしていて、結婚して何十年たっても、それが続いていくのだとか。

働き方も、夫婦のつながり方も、これまでの規定概念にとらわれず、自分の幸せになれる道を、自由に大胆に描いていけばいいのです。

貧困と孤独の不安が消えるポイント

34

「養ってもらう」「家のことはしてもらう」という依存を改める

35

ちゃんと生活すること、ちゃんと働くことで、孤独にならない

人とつながることは、少し勇気のいることです。

ある日、高層にあるデパートのレストラン街からエレベーターに乗りこんだところ、そこにいた70歳くらいの男性が話しかけてきました。

「お食事ですか？」

「ええ……」

仕事の打ち合わせで、先にひとり失礼したところだったのですが、その男性は、私がひとりで食事をしていたと思ったのかもしれません。こんなふうに続けました。

「私もひとりで食事してきました。でも、ひとりだとおいしくありませんね。ずっと親の介護をしてきたので、この年まで結婚もしなかったんですよ。生きていても、いいことは

ないなぁと、ときどき生きることが面倒になることもあります」

ちょっと深刻な話になってきたので、気が動転してしまいました。自分がなにを言ったのかよく覚えていませんが、急いでいたこともあり、「お元気でいてくださいね」とかなんとか言って別れました。

でも、ずっと気になっていたのです。あの男性は、あれからどう生きているのかと。身なりもきちんとした紳士で、デパートで食事をする経済力、偶然、出逢った私に声をかけるくらいのコミュニケーション力もある人なので、きっと弱音を吐きながらも、なんとか生きていると思いたい。あのとき、私はもっとなにか言ってあげられなかったのか、つぎに、しんどい思いを抱えている人に会ったときは、自分のできる精一杯のことをしよう、という反省も湧いてきます。

私自身も、気軽につながっていくことに、少し抵抗があったのかもしれません。世の中には、孤独で「だれかとつながりたい」と思っている人があふれているようにも感じます。

女性は、男性に比べるとコミュニケーション力があり、高齢になっても、なにかと忙しくしているものですが、それでも肝心の部分では「迷惑をかけたくない」「弱い部分は見せたくない」と、人に甘えることができず、孤独を感じている人もいます。高齢の人だけでなく、非正規社員や女性管理職、シングルマザー、専業主婦など、さまざまな立場での孤独があります。

私たちは、もっと人を信用して、甘えてもいいのではないでしょうか。自立するということは、「助けて」と言えることだと思うのです。

私たちの生活は、いつもどこかでつながっていて、求めれば、なにかが返ってきます。八百屋さんに行くと、店のおばちゃんが野菜の料理の仕方を教えてくれます。旅行をしたいと思えば、その場所に詳しい人に話を聞くこともできます。役所に行って、困ったことを相談すると、問題を解決しようとしてくれます。なかには、そっけない対応だったり、解決しなかったりしますが、そんな人ばかりではありません。生活のつながりのなかから、ふと人の温かさや、やさしさに触れることがあります。

「話を聞いてもらえたから、救われた」ということもあります。

私たちは、「～ができないからやってほしい」という機能的なつながりだけでなく、気持ちのつながりが欲しいのだと思うのです。

人とつながって、豊かな生活をしたいと思うなら、働いていくことは、もっとも有効な手段です。

どんな仕事であっても、人のためになにかをすることで、かならず気持ちの交換があります。

ちゃんと生活をし、ちゃんと仕事をすることは、孤独から自由にしてくれます。

「老後は、海外でのんびり暮らしたい」と海外移住する人の多くは、3年以内に戻ってくるといいます。1年目はそこでの生活に慣れることに忙しく、2年目は周辺を旅することに忙しく、3年目は日本からやってくる友人をもてなすのに忙しい。でも、4年目になると、なにもすることがなくなってしまうのです。

何年、何十年もの間、海外の地に馴染んで生きていく人たちは、そこでこれまでの仕事で培《つちか》ったスキルを生かして仕事をしたり、日本語や生け花を教えたり、ボランティアをやったりと、なにかの役割を見つけている人たち。「人の役に立っている」というつながりがあれば、心豊かに生きていけるのです。

「自分のできることをする」

「必要なときは、だれかを求める」

……それが、地に足をつけて生きていくということ。

少しだけ勇気をもって、人とつながっていきませんか？

貧困と孤独の不安が消えるポイント

35

人とつながるために、少しの勇気をもつ

36

すべては、どこかでつながっている

幸せになりたいなら、人を幸せにすることです。

家族を幸せにすること。友人を幸せにすること。地域の人を幸せにすること。職場の人を幸せにすること。社会のなかにいるだれかを幸せにすること……。人は、自分のやっていることが、だれかにプラスの影響を与えることで、幸せになれるのですから。

だれかのために、私たちの仕事はあります。

だれかのために、毎日の生活はあります。

だれかのために、学び、成長していきます。

遊びや楽しみも、自分の幸せだけでなく、だれかの幸せにつながっています。

私たちの「仕事」「生活」「学び」「遊び」はすべてつながっています。

それらのすべてが「だれかのために」あると同時に、「だれかのおかげで」成り立っています。すべてが人を幸せにし、自分を幸せにするものだということがわかれば、私たちは人生の道を、一貫性をもって歩き続けることができます。
自分たちの命が、自分のものだけでなく、だれかのための命でもあるということがわかれば、私たちはすばらしい世界になにかを貢献するために、自分の役割を見つけ、力を発揮していくことができます。

人はだれもが見えない場所でつながっていることがわかれば、私たちはもっとまわりの人に関心をもち、身近な人にも、偶然に出逢った人にも、声をかけることができます。

しかし、私たちは、自分の幸せを考えようとすると、「自分さえよければいい」という考えに陥りがちです。働いていると、プライベートなことはおろそかになりがちです。
そんな「自分」と「他者」がバラバラに切り離され、「仕事」や「生活」が切り離された状態では、ほんとうの意味で、自分の幸せを追求していくことはできないでしょう。

時代や環境の変化にともなって、働く意味は変わってきました。お金のためだけではなく、だれかの力になり、心豊かに暮らすために仕事はあるのだと考えれば、人生におけるすべてのことはつながっていきます。

「自分は、この人生でなにができるのか？」

それは、人生を通して追いかけていくテーマです。

だれかを幸せにできることを軸にもち、主体的に生き方や働き方を選びながら、人や社会とつながっていくことは、私たちの人生にとって、もっとも大きなよろこびであり、もっとも自然なことといえるでしょう。

組織は、「自分のやれることで貢献し、自分のやれないことをほかのだれかにやってもらう」というシステムですが、それは家族のなかにおいても、地域においても、世界においても同じことです。

変化を受け入れながら、その場面、その場面で、自分の役割を柔軟に見つけていくことで、私たちは「生かされる」のではなく、自分を「生きる」ことができるようになります。自然が私たちの生命を支えてくれるように、世界の人びとも、ひとりひとりを支えてくれています。

だから、恐れることはありません。

目的を見失わなければ、人にも時代にも振りまわされずに、自分の道を切り開いていけます。貧困や孤独から自由になって、伸び伸びと人生を楽しむことができます。

情熱をもち、まっすぐに前を見て進んでいく女性は神々《こうごう》しいほどの美しさがあります。

働き続けること、つながり続けることで、与えられた命を、めいっぱい輝かせていこうではありませんか。

貧困と孤独の不安が消えるポイント

36

この人生でなにができるのか？

——それをどこまでも追いかけていく

著者紹介

有川真由美（ありかわ・まゆみ）

作家・写真家

鹿児島県姶良市出身、台湾国立高雄第一科技大学応用日本語学科修士課程修了。

化粧品会社事務、塾講師、科学館コンパニオン、衣料品店店長、着物着付け講師、ブライダルコーディネーター、フリーカメラマン、新聞社広告局編集者など、多くの職業経験を生かして、働く女性のアドバイザー的な存在として書籍や雑誌などに執筆。約40カ国を旅し、旅エッセイを手がける。

著書は、ベストセラー『感情の整理ができる女は、うまくいく』(PHP研究所)、『よわむしの生き方』『感情に振りまわされない―働く女のお金のルール』（小社）他多数。

人にも時代にも振りまわされない――
働く女（ひと）の仕事のルール
貧困と孤独の不安が消える働き方

2015年11月1日　第1刷発行

著　者　　有川真由美

発行者　　櫻井秀勲
発行所　　きずな出版
東京都新宿区白銀町1-13　〒162-0816
電話03-3260-0391　振替00160-2-633551
http://www.kizuna-pub.jp/

装　幀　　福田和雄（FUKUDA DESIGN）
編集協力　ウーマンウエーブ
印刷・製本　モリモト印刷

ISBN978-4-907072-43-8

きずな出版

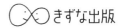

好評既刊

感情に振りまわされない―
働く女《ひと》のお金のルール
自分の価値が高まっていく
稼ぎ方・貯め方・使い方
有川真由美

年齢を重ねるごとに、人生を楽しめる女（ひと）の秘訣とは―将来、お金に困らないための「戦略」がつまった、働く女性のための一冊。

本体価格 1400 円

よわむしの生き方
必要な人になる 50 のルール
有川真由美

傷つくのが怖い、だけど自分らしく生きていたい！弱さを知っているからこそ強くなれる、自分の場所で幸せに暮らす方法。

本体価格 1300 円

女性の幸せの見つけ方
運命が開く 7 つの扉
本田健

累計600万部超のベストセラー作家・本田健の初の女性書。年代によって「女性の幸せのかたち」は変わっていく―。女性を理解したい男性も必読の 1 冊。

本体価格 1300 円

ファーストクラスに乗る人の人脈
人生を豊かにする友達をつくる 65 の工夫
中谷彰宏

誰とつき合うかで、すべてが決まる―。一流の人には、なぜいい仲間が集まるのか。人生を豊かにする「人脈」のつくり方の工夫がつまった 1 冊。

本体価格 1400 円

「こころの力」の育て方
レジリエンスを引き出す考え方のコツ
精神科医　大野裕

大切なのは、こころが折れないことより、折れても復活できる力を育てること。それが、「レジリエンス＝逆境から立ち直る力」です。

本体価格 1300 円

※表示価格はすべて税別です

書籍の感想、 著者へのメッセージは以下のアドレスにお寄せください
E-mail：39@kizuna-pub.jp

きずな出版
http://www.kizuna-pub.jp

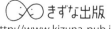